書名：地理辨正抉要
系列：心一堂術數珍本古籍叢刊　堪輿類　沈氏玄空遺珍
作者：〔清〕沈竹礽

主編、責任編輯：陳劍聰
心一堂術數珍本古籍叢刊編校小組：陳劍聰　素聞　梁松盛　鄒偉才　虛白盧主

出版：心一堂有限公司
地址／門市：香港九龍尖沙咀東麼地道六十三號好時中心LG　六十一室
電話號碼：+852-6715-0840
網址：www.sunyata.cc
電郵：sunyatabook@gmail.com
網上書店：http://book.sunyata.cc
網上論壇：http://bbs.sunyata.cc/

版次：二零一三年九月初版
平裝

　港幣　八十二元正
定價：人民幣　八十二元正
　新台幣　二百五十元正

國際書號：ISBN 978-988-8266-04-3

香港及海外發行：香港聯合書刊物流有限公司
地址：香港新界大埔汀麗路三十六號中華商務印刷大廈三樓
電話號碼：+852-2150-2100
傳真號碼：+852-2407-3062
電郵：info@suplogistics.com.hk

台灣發行：秀威資訊科技股份有限公司
地址：台灣台北市內湖區瑞光路七十六巷六十五號一樓
電話號碼：+886-2-2796-3638
傳真號碼：+886-2-2796-1377
網路書店：www.govbooks.com.tw
　www.bodbooks.com.tw
經銷：易可數位行銷股份有限公司
地址：台灣新北市新店區寶橋路二三五巷六弄三號五樓
電話號碼：+886-2-8911-0825
傳真號碼：+886-2-8911-0801
email：book-info@ecorebooks.com
易可部落格：http://ecorebooks.pixnet.net/blog

中國大陸發行・零售：心一堂書店
深圳地址：中國深圳羅湖立新路六號東門博雅負一層零零八號
電話號碼：+86-755-8222-4934
北京地址：中國北京東城區雍和宮大街四十號
心一店淘寶網：http://sunyatacc.taobao.com

心一堂術數古籍珍本叢刊 總序

術數定義

術數，大概可謂以「推算、推演人（個人、群體、國家等）、事、物、自然現象、時間、空間方位等規律及氣數，並或通過種種『方術』，從而達致趨吉避凶或某種特定目的」之知識體系和方法。

術數類別

我國術數的內容類別，歷代不盡相同，例如《漢書・藝文志》中載，漢代術數有六類：天文、曆譜、無行、蓍龜、雜占、形法。至清代《四庫全書》，術數類則有：數學、占候、相宅相墓、占卜、命書、相書、陰陽五行、雜技術等，其他如《後漢書・方術部》、《藝文類聚・方術部》、《太平御覽・方術部》等，對於術數的分類，皆有差異。古代多把天文、曆譜、及部份數學均歸入術數類，而民間流行亦視傳統醫學作為術數的一環；此外，有些術數與宗教中的方術亦往往難以分開。現代學界則常將各種術數歸納為五大類別：命、卜、相、醫、山，通稱「五術」。

本叢刊在《四庫全書》的分類基礎上，將術數分為九大類別：占筮、星命、相術、堪輿、選擇、三式、讖緯、理數（陰陽五行）、雜術。而未收天文、曆譜、算術、宗教方術、醫學。

術數思想與發展——從術到學，乃至合道

我國術數是由上古的占星、卜蓍、形法等術發展下來的。其中卜蓍之術，是歷經夏商周三代而通過「龜卜、蓍筮」得出卜（卦）辭的一種預測（吉凶成敗）術，之後歸納並結集成書，此即現傳之《易經》。經過春秋戰國至秦漢之際，受到當時諸子百家的影響、儒家的推崇，遂有《易傳》等的出現，原本是卜蓍術書的《易經》，被提升及解讀成有包涵「天地之道（理）」之學。因此，《易・繫辭傳》曰：「易與天地準，故能彌綸天地之道。」

漢代以後，易學中的陰陽學說，與五行、九宮、干支、氣運、災變、律曆、卦氣、讖緯、天人感應說等相結合，形成易學中象數系統。而其他原與《易經》本來沒有關係的術數，如占星、形法、選擇，亦漸漸以易理（象數學說）為依歸。《四庫全書．易類小序》云：「術數之興，多在秦漢以後。要其旨，不出乎陰陽五行，生尅制化。實皆《易》之支派，傅以雜說耳。」至此，術數可謂已由「術」發展成「學」。

及至宋代，術數理論與理學中的河圖洛書、太極圖、邵雍先天之學及皇極經世等學說給合，通過術數以演繹理學中「天地中有一太極，萬物中各有一太極」（《朱子語類》）的思想。術數理論不單已發展至十分成熟，而且也從其學理中衍生一些新的方法或理論，如《梅花易數》、《河洛理數》等。

在傳統上，術數功能往往不止於僅僅作為趨吉避凶的方術，及「能彌綸天地之道」的學問，亦有其「修心養性」的功能，「與道合一」（修道）的內涵。《素問．上古天真論》：「上古之人，其知道者，法於陰陽，和於術數。」數之意義，不單是外在的算數、歷數、氣數，而是與理學中同等的「道」、「理」—心性的功能，北宋理氣家邵雍對此多有發揮：「聖人之心，是亦數也」、「萬化萬事生乎心」、「心為太極」。《觀物外篇》：「先天之學，心法也。……蓋天地萬物之理，盡在其中矣，心一而不分，則能應萬物。」反過來說，宋代的術數理論，受到當時理學、佛道及宋易影響，認為心性本質上是等同天地之太極。天地萬物氣數規律，能通過內觀自心而有所感知，即是內心也已具備有術數的推演及預測、感知能力；相傳是邵雍所創之《梅花易數》，便是在這樣的背景下誕生。

《易．文言傳》已有「積善之家，必有餘慶；積不善之家，必有餘殃」之說，至漢代流行的災變說及讖緯說，我國數千年來都認為天災，異常天象（自然現象），皆與一國或一地的施政者失德有關；下至家族、個人之盛衰，也都與一族一人之德行修養有關。因此，我國術數中除了吉凶盛衰理數之外，人心的德行修養，也是趨吉避凶的一個關鍵因素。

術數與宗教、修道

在這種思想之下，我國術數不單只是附屬於巫術或宗教行為的方術，又往往已是一種宗教的修煉手段—通過術數，以知陰陽，乃至合陰陽（道）。「其知道者，法於陰陽，和於術數。」例如，「奇門遁甲」術中，即分為「術奇門」與「法奇門」兩大類。「法奇門」中有大量道教中符籙、手印、存想、內煉的內容，是道教內丹外法的一種重要外法修煉體系。甚至在雷法一系的修煉上，亦大量應用了術數內容。此外，相術、堪輿術中也有修煉望氣色的方法；堪輿家除了選擇陰陽宅之吉凶外，也有道教中選擇適合修道環境（法、財、侶、地中的地）的方法，以至通過堪輿術觀察天地山川陰陽之氣，亦成為領悟陰陽金丹大道的一途。

易學體系以外的術數與的少數民族的術數

我國術數中，也有不用或不全用易理作為其理論依據的，如楊雄的《太玄》、司馬光的《潛虛》。也有一些占卜法、雜術不屬於《易經》系統，不過對後世影響較少而已。

外來宗教及少數民族中也有不少雖受漢文化影響（如陰陽、五行、二十八宿等學說）但仍自成系統的術數，如古代的西夏、突厥、吐魯番等占卜及星占術，藏族中有多種藏傳佛教占卜術、苯教占卜術、擇吉術、推命術、相術等；北方少數民族有薩滿教占卜術；不少少數民族如水族、白族、布朗族、佤族、彝族、苗族等，皆有占雞（卦）草卜、雞蛋卜等術，納西族的占星術、占卜術，彝族畢摩的推命術、占卜術…等等，都是屬於《易經》體系以外的術數。相對上，外國傳入的術數以及其理論，對我國術數影響更大。

曆法、推步術與外來術數的影響

我國的術數與曆法的關係非常緊密。早期的術數中，很多是利用星宿或星宿組合的位置（如某星在某州或某宮某度）付予某種吉凶意義，并據之以推演，例如歲星（木星）、月將（某月太陽所躔之宮次）等。不過，由於不同的古代曆法推步的誤差及歲差的問題，若干年後，其術數所用之星辰的位置，已與真實星辰的位置不一樣了；此如歲星（木星），早期的曆法及術數以十二年為一周期（以應地支），與木星真實周期十一點八六年，每幾十年便錯一宮。後來術家又設一「太歲」的假想星體來解決，是歲星運行的相反，週期亦剛好是十二年。而術數中的神煞，很多即是根據太歲的位置而定。又如六壬術中的「月將」，原是立春節氣後太陽躔娵訾之次而稱作「登明亥將」，至宋代，因歲差的關係，要到雨水節氣後太陽才躔娵訾之次，當時沈括提出了修正，但明清時六壬術中「月將」仍然沿用宋代沈括修正的起法沒有再修正。

由於以真實星象周期的推步術是非常繁複，而且古代星象推步術本身亦有不少誤差，大多數術數除依曆書保留了太陽(節氣)、太陰(月相)的簡單宮次計算外，漸漸形成根據干支、日月等的各自起例，以起出其他具有不同含義的眾多假想星象及神煞系統。唐宋以後，我國絕大部份術數都主要沿用這一系統，也出現了不少完全脫離真實星象的術數，如《子平術》、《紫微斗數》、《鐵版神數》等。後來就連一些利用真實星辰位置的術數，如《七政四餘術》及選擇法中的《天星選擇》，也已與假想星象及神煞混合而使用了。

隨着古代外國曆(推步)、術數的傳入，如唐代傳入的印度曆法及術數，元代傳入的回回曆等，其中我國占星術便吸收了印度占星術中羅睺星、計都星等而形成四餘星，又通過阿拉伯占星術而吸收了其中來自希臘、巴比倫占星術的黃道十二宮、四元素學說(地、水、火、風)，並與我國傳統的二十八宿、五行說、神煞系統並存而形成《七政四餘術》。此外，一些術數中的北斗星名，不用我國傳統的星名：天樞、天璿、天璣、天權、玉衡、開陽、搖光，而是使用來自印度梵文所譯的：貪狼、巨門、祿存、文曲、廉貞、武曲、破軍等，此明顯是受到唐代從印度傳入的曆法及占星術所影響。如星命術的《紫微斗數》及堪輿術的《撼龍經》等文獻中，其星皆用印度譯名。及至清初《時憲曆》，置潤之法則改用西法「定氣」。清代以後的術數，又作過不少的調整。

術數在古代社會及外國的影響

術數在古代社會中一直扮演着一個非常重要的角色，影響層面不單只是某一階層、某一職業、某一年齡的人，而是上自帝王，下至普通百姓，從出生到死亡，不論是生活上的小事如洗髮、出行等，大事如建房、入伙、出兵等，從個人、家族以至國家，從天文、氣象、地理到人事、軍事，從民俗、學術到宗教，都離不開術數的應用。如古代政府的中欽天監(司天監)，除了負責天文、曆法、輿地之外，亦精通其他如星占、選擇、堪輿等術數，除在皇室人員及朝庭中應用外，也定期頒行日書、修定術數，使民間對於天文、日曆用事吉凶及使用其他術數時，有所依從。

在古代，我國的漢族術數，甚至影響遍及西夏、突厥、吐蕃、阿拉伯、印度、東南亞諸國、朝鮮、日本、越南等地，其中朝鮮、日本、越南等國，一至到了民國時期，仍然沿用着我國的多種術數。

術數研究

術數在我國古代社會雖然影響深遠，「是傳統中國理念中的一門科學，從傳統的陰陽、五行、九宮、八卦、河圖、洛書等觀念作大自然的研究。……傳統中國的天文學、數學、煉丹術等，要到上世紀中葉始受世界學者肯定。可是，術數還未受到應得的注意。術數在傳統中國科技史、思想史，文化史、社會史，甚至軍事史都有一定的影響。……更進一步了解術數，我們將更能了解中國歷史的全貌。」（何丙郁《術數、天文與醫學 中國科技史的新視野》，香港城市大學中國文化中心。）

可是術數至今一直不受正統學界所重視，加上術家藏秘自珍，又揚言天機不可洩漏，「（術數）乃吾國科學與哲學融貫而成一種學說，數千年來傳衍嬗變，或隱或現，全賴一二有心人為之繼續維繫，賴以不絕，其中確有學術上研究之價值，非徒癡人說夢，荒誕不經之謂也。其所以至今不能在科學中成立一種地位者，實有數困。蓋古代士大夫階級目醫卜星相為九流之學，多恥道之；而發明諸大師又故為惝恍迷離之辭，以待後人探索；間有一二賢者有所發明，亦秘莫如深，既恐洩天地之秘，複恐譏為旁門左道，始終不肯公開研究，成立一有系統說明之書籍，貽之後世。故居今日而欲研究此種學術，實一極困難之事。」（民國徐樂吾《子平真詮評註》，方重審序）

現存的術數古籍，除極少數是唐、宋、元的版本外，絕大多數是明、清兩代的版本。其內容也主要是明、清兩代流行的術數，唐宋以前的術數及其書籍，大部份均已失傳，只能從史料記載、出土文獻、敦煌遺書中稍窺一鱗半爪。

術數版本

坊間術數古籍版本，大多是晚清書坊之翻刻本及民國書賈之重排本，其中豕亥魚魯，或而任意增刪，往往文意全非，以至不能卒讀。現今不論是術數愛好者，還是民俗、史學、社會、文化、版本等學術研究者，要想得一常見術數書籍的善本、原版，已經非常困難，更遑論稿本、鈔本、孤本。在文獻不足及缺乏善本的情況下，要想對術數的源流、理法、及其影響，作全面深入的研究，幾不可能。

有見及此，本叢刊編校小組經多年努力及多方協助，在中國、韓國、日本等地區搜羅了一九四九年以前漢文為主的術數類善本、珍本、鈔本、孤本、稿本、批校本等千餘種，精選出其中最佳版本，以最新數碼技術清理、修復版面，更正明顯的錯訛，部份善本更以原色精印，務求更勝原本，以饗讀者。不過，限於編校小組的水平，版本選擇及考證、文字修正、提要內容等方面，恐有疏漏及舛誤之處，懇請方家不吝指正。

心一堂術數古籍珍本叢刊編校小組

二零零九年七月

《地理辨正抉要》提要

《地理辨正抉要》一冊，四卷。清沈紹勳撰。民國二十六年（一九三七）沈氏自得齋藏版。民國二十六年鉛印本。線裝。虛白廬藏本。

沈紹勳（一八四九—一九零六），字蓮生，號竹礽[1]，浙江錢塘人，乃北宋著名學者沈括後代。精易經、堪輿之學，著述頗富，有：《周易易解》十卷、《周易示兒錄》三卷、《周易說餘》一卷、《錢塘沈氏數典錄》二卷、《錢塘沈氏家乘》十卷、《留直存牘》一卷、《自得齋叢說》、《泰西操法》六卷、《地雷圖說》二卷、《過山礮圖說》二卷、《沈氏玄空學》二卷（初版時與門人著作合刊為四卷，後再版增訂為六卷）、《仲山宅斷注》二卷（收入《增補沈氏玄空學》中）、《地理諸書正偽考》八卷、《地理辨正抉要》四卷、《卦氣集解》一卷、《卦氣直解》若干卷、《解惠棟易漢學正訣》八卷、《靈城精義箋》一卷、《說卦錄要》等。傳子祖緜、祖芬，弟子江志伊、王則先、曹秋泉、韓崑源等，孫延國、延發等，再傳弟子申聽禪、楊天德等傳其學。

沈氏獵涉堪輿之學，事見《靈城精義箋．沈氏自序》，云：「余年十六，因葬親獵涉《葬書》，初事三合，後知其非，繼得其緒。」所謂三合，是指堪輿學中理氣的一派。堪輿學自古以來即有形法、理氣兩大系統。或云：善斯道者，應是形理兼察。但於理氣之道，歷來派別眾多，唐代以降，多宗丘延翰、楊筠松所傳之法。然而丘楊所傳，亦眾說紛紜，在清代主要有三合、三元兩派。

自清初蔣大鴻《地理辨正》等著作刊刻面世之後，三元法才廣泛流傳，然而由於蔣大鴻著書時將三元具體口訣作法秘而不泄，蔣氏弟子（如張仲馨、駱士鵬、呂相烈、姜垚、胡泰徵、畢世持、沈億年）

1 墓表、傳、家乘所載有出入。此處據《錢塘沈氏家乘資料集》

及其再傳門人，亦都不以此道為業，具體口訣作法除蔣氏嫡派真傳一脈之外，可說是數百年來一直秘而不宣，外人實不能得其作法真相。以致猜測、破解蔣法之著，甚至駁斥、否定蔣氏之論，一時湧現，眾說紛紜，莫衷一是。沈竹礽曾歸納當時影響最大的三元法為六大派：無常派、滇南派、湘楚派、蘇州派、上虞派、廣東派（六派公開刊刻著作及門內秘鈔本，輯入心一堂術數珍本古籍叢刊，經已或即將出版。）六大派皆宗蔣氏，其說不一。迄清末則分派愈多，甚且有撰述一書即成一家之況，至今仍然方興未艾。

沈氏自謂「繼得其緒」，是指得習三元派之理氣，並認為三元派才是堪輿學理氣之真緒正宗。本書沈氏自序云：「蔣書出後，箋疏不下百三十餘家，大率皆浮詞蕪語。」後人注本也大多以隱語釋隱語、或愈演愈繁，隱晦難明。本書沈氏力求淺白易懂，披肝露膽，直接了當，「使人人皆知玄空學之真際」。一洗諸家陋習。若與沈氏著之《沈氏玄空學》、《靈城精義箋》（輯入心一堂術數珍本古籍叢刊，經已出版），沈氏門人一脈的《玄空古義四種通釋》（即將出版）、《漢鏡齋堪輿小識》（經已出版）、《玄空捷訣》（即將出版）、《沈氏玄空吹虀室雜存》（即將出版）等對讀，當可了解沈氏玄空原理及作法。

本書沈氏自序言，認為蔣書箋疏百三十餘家中，「其可采者，章甫、溫榮鏕二家而已。」章甫即章仲山，溫榮鏕即溫明遠，俱是清代三元玄空中無常派宗師。同治十二年（一八七三年）章仲山之孫章品咸重刊本《心眼指要》後序中，稍稍透露了其中一本章氏家傳遺稿《陰陽二宅錄驗》。沈氏在光緒戊寅（一八七八年）便去尋訪章氏後人，以重金借抄得《陰陽二宅錄驗》（詳見心一堂術數珍本古籍叢刊《臨穴指南》提要），再結合當時章仲山公開刊刻的著作如《地理辨正直解》、《天元五歌闡義》、《元空秘旨註》、《心眼指要》及溫明遠公開刊刻的著作如《地理辨正續解》等（以上數種，俱輯入心一堂術數珍本古籍叢刊，即將出版），後經苦思後才悟出其中秘訣。「然後訪尋舊定，以證所得，無不大驗。」自此沈氏力弘此學，著書立說，成一家之言，立志以此學救世；並一改當時三元派中守秘藏私的弊病，將秘訣公開普傳，其學大盛，沈氏及其門人以其三元法訣即楊筠松玄空秘密，書中直稱其三元之學為「玄空學」。故自晚清以來，習三元派者多宗沈氏，至今未衰稱，其稱之玄空學實即三元派。

不過，限於當時條件，似乎沈氏以多年搜羅風水秘本，資料雖已可謂汗牛充棟，一些無常派家傳授徒秘本，也未曾見過，如輯入心一堂術數珍本古籍叢刊．無常玄空珍秘的《章仲山挨星秘訣》（經已出版）、章仲山《臨穴指南》（經已出版）、孫竹田《堪輿一覽》（經已出版）、《章仲山宅案秘鈔》（即將出版）等。讀者據以上無常派秘本，當可知沈氏所悟出的挨星中的九星分陰陽法、〈坤壬乙訣〉、〈北斗七星打劫〉等，皆不同於章氏。

是次修復重刊本書時，特從沈氏家乘中輯出沈竹礽小影置於書前，及保留本書民國初版時的版權頁，一以作玄空法訣資料保存，一以供同道中人參考研究及收藏。

心一堂術數珍本古籍叢刊編輯小組

二零一三年六月

竹礽府君小影

地理辨正抉要

鄧邦述署籤

地理辨正抉要

鄧邦述

沈氏自得齋刊於中華民國二十六年五月

沈竹礽先生傳

武進蔣維喬

古奇瑋之士。成三不朽之業者。大氏在艱危中。以余所聞。殆未有如竹礽先生之遭遇之奇。成就之大也。先生諱紹勳。字竹礽。浙江錢塘人。生三歲而孤。清咸豐十一年。太平軍再陷杭州。沈氏一門死難者七人。先生生母徐孺人與焉。時先生年十三。爲敵挾去。途遇乳媼壽氏。微語之曰。主母投井死矣。先生驚欲有言。敵持刀脅之。呼速行。由是隨敵轉徙。至松江。會洋將華爾。破太平軍於迎喜浜。得先生。養以爲子。敎之兵法。編入童子隊。華爾夫人姚氏。故桐城名家女也。詢先生家世。憫其孤弱。撫之甚至。先生隨華爾攻克嘉定。旋復青浦。持旗先登。又與潘鼎新約攻金山。潘師未至。先生已攻入縣城。特迎潘至。以首功歸之。同治元年八月。華爾攻克浙之慈谿。中砲死。先生負其屍。歸葬於松江。姚夫人憂毀成疾。逾年亦卒於滬。先生經紀其喪。送櫬至寗波。姚臨終。以遺產百萬授先生。先生力辭。華爾沒後。先生改隸戈登軍。戈登屬其譯述兵法。訓練募勇。後從戈登攻蘇州。先生以銳卒先克滸墅關。蘇既下。李鴻章用程學啓計。殺太平軍六降將。戈登憤李無信。怫然竟去。先生亦力持已降不可復殺之議。恐得罪。乃亡之海上。厥後鴻章督直隸。思前事。光緒十五年。檄赴威海衛旅順等處視察海軍兵器。先生見兵器皆舊式。不足禦敵。詳陳應增新式器械。作圖說上之。又言日本汲汲謀興海軍。其快礮皆準英德新式。水雷亦較我精銳。而我北洋各輪裝配砲位既舊且少。以勢力論。尚不能敵日本。遑論英德諸國。且兵輪所恃者。不在噸數之大小。而在器械之利鈍。有船無器與無船等。日本密邇北洋。狡焉思逞。異日有事。彼利我鈍。何以制勝。鴻章韙其言。迭商英德出使大臣。購置新式快礮。卒以費鉅中止。復因奉檄赴東三省探漠河金礦。見吉林黑龍江墟曠人稀。不及時規畫。則疆圉之憂未艾。謂宜於遼河上流之嚇爾蘇河距松花江支流伊爾河六十里間開鑿運河。則自牛莊至俄屬西伯利亞。一航可達。需費少。獲利多。實有益邊陲防務。鴻章亦不能用。先生遂辭歸。寄迹市廛。不復問世。自傷母氏死節。骸骨未歸。節衣縮食。稍得餘資。卽至杭州訪故居。求母氏死難地。時故居已易他人。智井亦平。鄰里故舊。零落殆盡。痛哭幾不欲活。資盡而返。稍積資則又往。十年中七至杭州。卒不可得。始具衣冠招魂葬之。先生以沈氏自五代吳越時由武康遷杭。世為錢塘望。自遭亂離。僅知父祖以上三代名諱。引為大戚。於是徧訪親族。旁稽省府縣志及杭州掌故諸書。得上溯十三世名系。兼攷知遷杭始祖以下九世名系。並墓地所在。乃創作錢塘沈氏家乘。復念華爾夫婦恩。為作傳附家乘。且歲時祭祀以報之。先生雖隱於賈。

然好讀書。手不釋卷。精術數。尤邃於易。及晚年大成。玄空之學。既前無古
人。而於易理特多創獲。如云先後天卦遇而同位。其占必吉也。先天之卦。
隔二位爲歸魂遊魂也。卦氣圖之由於貞辰也。此皆千古不傳之祕。漢宋
以來諸儒所不能道者也。余近十年亦好治易。獲交先生子祖緜。以先生
所著周易易解見貽。受而讀之。豁然神解。幾忘寢食。自念與先生並世。惜
未得見其人。積思既久。某歲春。夢先生整容據案南向坐。余坐右隅。祖緜
坐左隅。案頭有命理講義略。取翻閱。請益云。如某者可廁弟子之列否。先
生未答。祖緜儳言曰。聽講則可。然命理中術語甚多。須經口試。苟乏記憶
力。卽不易成。余曰。畢業須幾何時。答曰。須一年半。余自念無暇。遂寤。貽書
祖緜言其狀。祖緜以先生影像寄余。則與夢中所見無異也。祖緜因屬爲
文以傳先生。經年始成。先生生於道光二十九年六月。卒於光緒三十二

年六月。享年五十有八。配吳謝袁三氏。子二。祖縣。祖芬。女二。長適馮。次適王。孫九。延國。延甯。延發。延履。延堯。延成。延義。延齡。延祥。著有周易易解十卷。周易示兒錄三卷。錢塘沈氏數典錄二卷。錢塘沈氏家乘十卷。留直存牘一卷。自得齋雜著十四卷。泰西操法六卷。地雷圖說二卷。沈氏玄空學六卷。

蔣維喬曰。繫辭稱作易者其有憂患。豈徒作者。然述者非身經憂患。亦莫能發揚之也。先生以十餘齡孤兒。備嘗生民未有之艱苦。卒使將墜之易道。大明於世。豈偶然哉。或以先生轉戰有功。未見大用。爲先生惜。然使先生分其志於事功。必不能專志求學。而易道昌明。將不可期。何如今所成就之重且大哉。祖縣與余交甚篤。爲學從政。有聲於時。孫延國又從余游。雖少年已能紹其家學。三世濟美。先生之明德遠矣。

謹按　先子罕稱命理。憶庚子返杭。寓學官巷。欲注中庸。自書俟命明理四字。懸諸壁間。詔不孝曰。孝經說云。性者生之質。命者所禀受度也。中庸言君子居易以俟命。鄭君注曰。俟命聽天任命也。仲尼燕居子曰。禮也者。理也。明禮卽所以明理。子思作中庸。以昭明孔子之德耳。後人作注。自炫高深。剿竊禪語。豈其本義哉。後因事未成。今竹莊先生深明哲理。能窮道德性命之蘊。　先子之入夢。意者欲先生闡發中庸之旨與。一年半者。十有八月。殆十有八變而成易之謂也。易言遯世無悶。中庸言遯世不見知而不悔。易言庸言之信。庸行之謹。閑邪存其誠。中庸言庸德之行。庸言之謹。有所不足。不敢不勉。易言易無思也。易無爲也。中庸言無爲而成是也。惜中庸訓詁。盡屬空談。失諸正鵠。苟有善射者。正己而後發。發而中。則誠明形著矣。

丙子春祖緜識于吳門自得齋。

奉讀

竹礽沈先生遺箸地理辨正抉要謹題二絕句

枕中鴻寶世誰知。慧眼人天獨見之。畢竟華亭應俛首。洛龜河馬是吾師。

裒裒儒先筏一津。陰陽消息辨能眞。從敎洩盡苞符祕。不愛天機只愛人。

右奉題

竹礽沈先生遺箸地理辨正抉要。任昔得讀　先生所箸

自得齋地理叢說。今讀是編。蓋前者明其用。後者析其理。二書相爲

表裏也。玄空之說。創自楊筠松。其後幾成絕學。有淸蔣大鴻崛起於

千百年之後。獨闢羣言。揭櫫正義。使楊氏墜緒復光於天下。其業固

已盛矣。特有獨到之處者。亦必有不到之處。雖古之善讀書者。不能

免焉。則要當闕其所疑。以待後之學者。先漢經師往往如此。蔣氏之

於辨正一書。旣不能免於此弊。而又創爲天律有禁之說。天律安在。

苟非自文其不及。抑亦吝情甚矣。而　先生具絕人之智。釋矛馬而胙經史。窮百氏而抉奧窔。既已悉究古今地理諸書之得失。制爲論斷。復取蔣氏之書。抉發其隱曲。糾正其謬誤。使咸歸於理解之碻當。可不謂之人傑矣乎。夫以蔣氏在當時名重南北。幾乎無人不知。而流傳至今。堪輿家尚有稱爲蔣法者。顧今吾蘇人乃恆以詭法目之。是則除章甫溫榮鏕二家外。誤解蔣書之弊。在　先生時謬妄著書者已有百三十餘家之多。則近數十年來。不知又增幾何謬種流傳。詎非由蔣氏故作玄祕階之爲厲。又無怪幷蔣而訾之矣。今　先生此作。不獨具摧陷廓淸之功。且爲蔣氏一洗其痏。更使人人皆知玄空學之眞際。得善讀者推究其用於世。庶其不負　先生之用心矣乎。丁丑初夏吳縣愚姪陳任拜題幷識

自序

乾鑿度曰。易一陰一陽。合而爲十五之謂道。陽變七之九。陰變八之六。亦合於十五。又曰。八卦數二十四。以生陰陽。衍之皆合之於度量。大戴禮盛德篇曰。二九四七五三六一八。由此可知九宮之法。其位其數。已昭然若揭矣。至於九宮之逆數。淵乎易之說卦傳。其言曰。山澤通氣。雷風相薄。水火不相射。又曰。水火相逮。雷風不相悖。山澤通氣。此皆述八卦之義。淺人不察。誤混爲一。蓋其理有別。前言進。後言退。即所謂陽動而進。陰動而退。此乃玄空順進逆退之說。所由昉也。夫天道左旋。地道右遷。人在天地之中。載之者地也。坤之象曰。地勢坤。君子以厚德載物。故以右遷而得地氣爲貴。是故順進則爲上山下水。逆退則爲到山到向。凡坐實朝空之宅。必取到山到向者。以其得地氣故也。若坐空朝滿。可取上山下水者。因空已得天氣。正與有坐有朝之局相反。玄空之理。亦因之而異。新舊唐書呂才傳曰。陰陽家所傳書。多謬偽淺惡。世蓋拘畏。又呂氏陰陽書葬論曰。近代葬書。出於巫史。一物有失。便謂災及死生。多所拘禁。以售其術。附妄憑妖。乃有百二十家。然則以術售世。唐時已盛。特今日侈言福禍。變本加厲耳。惜呂氏陰陽書久佚。今於新舊唐書中。唐書引論三篇。惟兩書所載。文多歧出。劉書較詳實。歐書似經筆竄。不足據也。得窺其一二。皆竅拘忌之由。樹易之理。以擯百二十家之說。其功亦可謂宏矣。後楊救貧之學。以卦理行術者。蓋出於呂氏。何以明之。攷呂氏宅論曰。百二十家。皆係妄妖之談。都天寶照經亦曰。百二十家渺無訣。其同一也。呂氏宅論取大壯。葬論取大過。皆以易立說。而奧語天玉寶照諸書。亦以立卦為說。其同二也。舉斯二證。則救貧之學。出於呂氏明矣。惟百二十家之妄說。至今猶存泰半。術士奉為科律。不也大惑乎哉。紹勳治經之餘。兼及方技。知救貧之說。乃玄空之精義。餘家悉屬僞術。不足道也。迨蔣平階撰辨正。固欲上承救貧。惜誤解天機。致不能發其要。蔣書出後。箋疏不下百三十餘家。大率皆浮詞蕪語。其可采者。章甫溫榮鏕二家而已。餘皆誤解蔣書。使其術僞之又僞。如一坎申午亥訣。甲午來水當求癸訣。一以四爲煞訣。皆挾天機不可洩漏之遁辭。以欺世人。其大禍將臨之兆歟。嗚呼。術士之鄙。固無足責。世之以經術鳴者。如胡煦。江永。端木國瑚。李兆洛。張惠言。紀大奎。張心言輩。其立說也。皆向壁虛造。近人廖平。以三統之說。步趨惠言。其注天玉經。亦一無足取也。庚子歲寓上虞福祈山曹秋泉胡伯安諸君。時相顧從。咸以蔣姜章溫諸家。未盡宣洩。且使讀者易生屈解。其害至烈。紹勳昔因葬親。流覽是書。輒加胸臆。曹胡諸君。時走錄副墨。然恐語焉不詳。有蹈前修之失。乃不復自揣其愚。成地理辨正抉要四卷。采眞削繁。間有補苴。穿鑿附會。略匡舛謬。世之覽者。亦有所取於斯乎。

庚子春二月。錢唐沈紹勳序於柳浦寄廬

地理辨正抉要

錢塘沈紹勳竹礽著

青囊序　曾文辿著

豫章書云。曾文辿。雩都崇賢里人。師事楊筠松。凡天文讖緯黃庭內景之書。靡不根究。尤精地理。梁貞明至袁州萬載。愛西山之勝。謂其徒曰。死葬我於此。卒如其言。後其徒忽見于豫章。歸啓其柩。無有也。所著有八分歌二卷。名勝志。曾文辿墓。在萬載冠邱山。宋史藝文志。曾文展八分歌一卷。鄭樵通志藝文略。別載。有曾氏青囊子歌一卷。又楊曾二家青囊經一卷。按此卷名青囊序。疑卽青囊子歌。文體係歌訣。卷帙又相符。可證也。蓋術人之書。往往喜改易書名。不可枚舉。然此書在形家言中。條理明晰。亦一可讀之書也。

楊公養老看雌雄。

楊筠松不見于史傳。陳振孫直齋書錄解題云。地理口訣一卷。不知何人所集。曰楊筠松。曾楊乙。乙一作一。黃禪師。左仙。朱仙桃。范越鳳。劉公。賴太素。張師姑。王吉。凡十家。又楊公遺訣曜金歌。并三十象圖一卷。云楊郎筠松也。人號楊救貧。　宋史藝文志楊救貧正龍子經一卷。　贛州府志。楊筠松。竇州人。僖宗朝。掌靈臺地理事。官至金紫光祿大夫。黃巢破京城。乃斷髮入崑崙山步龍。至虔州。以地理術授曾文辿。劉江東。世號救貧仙人是也。卒於虔。葬雩都藥口壩。江西通志云。都監楊筠松墓。在雩都縣八十里藥口。　按贛州府志所載楊筠松傳。不知所據。實淺陋不足觀。疑術人序楊救貧書文中語也。攷唐書職官志。左光祿大夫從一品。右光祿大夫正二品。司天臺有靈臺郎二人。無掌靈臺地理之說。靈臺郎係正第八品下階。

與右光祿大夫相距二十階。新唐書作正七品下。亦距十九階。直妄說爾。

蔣大鴻所著地理辨正。采楊曾諸書。以形家言而論。實較他家爲勝。惟句句謎語。令人易入殊途。蔣注尤甚。紹勳昔謂蔣氏著辨正一書。實有見地。惜誤解天機不可洩漏。未將諸要訣註出。又不將玄空（祖縣謹按凡避諱字今皆改正。）用法。一一告諸於人。致後人僞說百出。雖爲地理之功臣。亦爲地理之大罪人。然始作俑者。爲楊筠松。不知此係九宮之術。已盛行於漢時。何必妄作歌訣。不以正宗。使人聰明誤用。若筠松者。其居心實術士之最下流者耳。

養老二字。指盛衰而言。當旺者爲盛。盛即養也。失令者爲衰。衰即衰也。雌雄兩字。出淮南子。不曰陰陽而曰雌雄。蓋陰陽是五黃入中不變之易也。

雌雄是應某運何字入中。變易之易也。明此入中之玄關。然後能辨雌雄。所謂玄關者。卽一運一入中。二運二入中。三運三入中。餘放此。

天下諸書對不同。

此句言楊公以養老看雌雄之法。與天下所傳形家諸書。絕對不同也。對。易无妄傳茂對時。馬融云。配也。蔣注野溫解謂山川之變態不一。天氣之流行亦無常。以玄空運行無形之氣。合變化不測移步換形之地。合而觀之。無一同者。故曰天下諸書對不同也。其說太拘。反使人不易明白。不若張受祺謂玄空大卦。楊公看出諸書可以不同。似爲當也。

先看金龍動不動。

金者。乾也。凡中五立極。挨星飛星。先輪到乾。故乾爲九宮第一關。五進爲六。故乾爲天門也。五退爲四。則巽爲地戶也。故形家言金井。堆金。分金。皆以金字稱之。此之所謂金龍。猶乾龍也。動不動者。因在五運。中五立極。八方字字不動。故爲不動也。其他各運。立極非中五。八方中五。與元旦盤（此三字係術士隱語。）字各不同。故謂之動。

次察血脈認來龍。

蔣注。謂血脈。卽金龍之血脈。又曰。非世人倒杖步量之死格局也。章解。謂看卽看無形之氣。察卽察無形之氣。其說是也。溫解謂血脈者。水也。其說非是。此句一誤。致全書皆誤。總之血脈爲理氣之血脈。來龍爲理氣之來龍。非呆山呆水之血脈來龍也。故曰察。曰認。血脈卽水一片。來龍卽山一片。詳下句。

龍分兩片陰陽取。

此句章解最切。所謂空一片。實一片是也。惜其說未能一目瞭然。空一

片以流行之氣言之卽天一片是也實一片卽地一片是也以致用言之空一片卽水一片也實一片卽山一片也如圖現在二運元旦盤之

上元二黑運圖　圖一

乾六。兌七。艮八。離九。坎一。坤二。震三。巽四。是地一片也。今二運二入中。乾六爲三。兌七爲四。艮八爲五。離九爲六。坎一爲七。坤二爲八。震三爲九。巽四爲一。是天一片也。如用子山午向。其體雖子午。其用則酉乾。用癸山丁向。其體雖癸丁。其用則辛亥也。用壬山丙向。其體雖壬丙。其用則庚戌也。可知元旦盤之壬子癸及丙午丁。是實一片也。其流行氣之庚酉辛及戌乾亥。是空一片也。再以山向言之。如子山午向。子山流行之氣酉。是實一片也。午向流行之氣乾。是空一片也。陰陽取者。不以元旦盤中之陰陽爲陰陽。而以流行氣之陰陽爲陰陽。取陰陽之法。即圖外層如陽陰陰。與陰陽陽是也。見圖一。

水對三叉細認蹤。

蔣注。以三叉。即後城門。指後文城門一訣。界水合處也。按上文龍分兩片。則水一片前已言之。此何以復言水對三叉乎。因山一片是靜。即實一片也。水一片是動。即空一片也。但水較山爲複雜。如城門一訣。可以補水一片之不足。又如水裏排龍。在二運時。而遇三字。挨到之處。三爲未來之氣。陰陽二宅。在三運時必旺是也。細認蹤者。即目光所見之水在何方。即排到何字是也。

江南龍來江北望。江西龍去望江東。

此二句。重在望字。承上文龍分兩片而言。江南龍來而流行之氣。反在江北。江西龍去而流行之氣。反在江東。言龍氣因流行之氣而無定者也。曰南北。曰東西。並非指實地而言。蔣注謂楊公看雌雄之法。皆從空處作眞龍是也。空處故曰望。溫解以中五逆數立說。悖於理矣。

是以聖人卜河洛。瀍澗二水交華嵩。相其陰陽觀流泉。卜年卜世宅都宮。

此上二句。言形勢。下二句言理氣也。卜指卜地言也。詩定之方中曰。卜云其吉。孝經喪親章。卜其宅兆而安措之。是其例。此言周公卜洛邑事。

相陰陽。觀流泉。詩篤公劉云。相其陰陽。觀其流泉也。

晉世景純傳此術。演經立義出玄空。朱雀發源生旺氣。一一講說開愚蒙。

晉書郭璞傳云。璞字景純。河東聞喜人也。好經術。博學有高才。而訥於言論。詞賦為中興冠。好古文奇字。妙於陰陽算曆。有郭公者。客居河東。精於卜筮。璞從之受業。公以青囊中書九卷與之。由是遂洞五行天文卜筮之術。禳災轉禍。通致無方。雖京房管輅不能過也。按郭公不可攷。疑是郭琦。同書隱逸傳。琦字公偉。太原晉陽人也。少方直。有雅量。博學善五行。作天文志。五行傳。注穀梁京氏易百卷。

曾氏謂玄空之術。出郭璞。誤也。周禮大司徒職云。以土圭之法。辯十有二土之名物以相民宅而知利害儀禮既夕有云筮宅冢人物土鄭康成注謂物猶相也相其地可葬者乃營之則相地之術在周時已有之矣玄空二字不見經傳係術士之名詞玄非玄之又玄之玄楊子法言曰玄者一也空說文竅也蘇林曰通也離中虛空之象玄空者卽坎離交媾水火不相逮是也朱雀離也朱雀發源指向首一星也章解下二句詳言向首一星之妙用其言泛言向星一首僅朱雀發源四字餘十字毫無關係此言子山午向故向首爲朱雀餘類推發源者卽一運一到向一卽源也二運二到向二卽源也下放此

一生二兮二生三三生萬物是玄關

按一生二二生三三生萬物出老子此引用老子者玄空心法中却有一二三山上有一二三水裏有一二三此一二三者卽挨星飛星之飛

挨次第爾。

山管山兮水管水。此是陰陽不待言。

山管山者。山上之飛星。不能與水裏相混也。水管水者。水裏之飛星。不能山上相混也。例如二運用乾山巽向。如第一圖。乾之挨星爲三。三卽卯。卯陰也。山上一盤以三入中。又如第二圖陰逆。故逆飛。二到乾。卽山之旺星到山也。山一盤。只可管山。不能管水也。山之陰陽亦只能管山。不能管水也。故曰山管山。又如第一圖巽之挨星爲一。一卽子。子陰也。水裏一盤以一入中。如第三圖。陰逆故亦逆飛。二到巽。卽水之旺星到

二運乾山巽向乾山圖

四一	八六	六八
五九	三二	一四
九五	七七	三三山

圖二

二運乾山巽向巽向圖

向二一	六六	四八
三九	一二	八四
七五	五七	九三

圖三

水也。水一盤。只可管水。不能管山也。水之陰陽。亦只能管水。不能管山也。故曰水管水。又如用戌山辰向。戌挨甲。甲陽也。辰挨壬。壬亦陽也。陽則順行。與二三兩圖逆行者有別。故蔣注謂山有山之陰陽。水有水之陰陽。其說是也。

識得陰陽玄妙理。知其衰旺生與死。不問坐山與來水。但逢死氣皆無取。

三合盤中之陰陽。亦以紅爲陽。黑爲陰。豈知無一是處。如子係紅字。以子爲陽水。算命者猶知子藏癸水。則子爲陰矣。盤理准此。在五黃入中之運。可用盤中之陰陽爲陰陽。其他八運。非用流行之氣之陰陽不可。至衰旺二字。則過去爲衰。如在二運。則坎一已過去。卽衰也。當令者爲旺。如在二運。則坤正當令。卽旺也。生死二字亦同。溫解謂上元一白坎卦。當令爲旺。二黑坤卦。將來爲生。九紫離卦。方去爲衰。八白艮卦。去久爲死。其實尙非的論。總以天心到山到向爲旺。上山下水爲衰。生與死亦然。若以坎爲一運當令之旺星。豈知壬子癸三字中。有反伏吟在焉。學者不可不察。又不可以坐山來水。堂局完美。卽爲吉地。因地吉葬凶。雖吉地亦作凶論。故下二句。重言以申明之。

先天羅經十二支。

十二支非先天也。此云先天。謬矣。十二支子丑寅卯辰巳午未申酉戌亥是也。子午卯酉辰戌丑未爲陰。寅申巳亥爲陽。

後天再用干與維。八干四維輔支位。子母公孫同此推。

干。十干也。爲甲乙丙丁戊己庚辛壬癸。甲丙戊庚壬爲陽。乙丁己辛癸爲陰是也。四維。卽乾巽艮坤也。皆屬陽。此云八干者。蔣注謂地道法天。雖有十二宮而位分八卦。每卦三爻。則十二宮不足以盡地之數。故十干取戊己歸中。以爲皇極。而分有八干爲四正之輔佐。按四正子午卯酉是也。子之輔佐爲壬癸。午之輔佐爲丙丁。卯之輔佐爲甲乙。酉之輔佐爲庚辛。然猶未足卦爻之數。遂以四隅之卦即四維。補成三八。即二十四也。於是卦爲母。而二十四路爲子。卦爲之公。而二十四路爲之孫焉。

「二十四山分順逆。共成四十有八局。五行即在此中分。祖宗却從陰陽出。」共成四十有八局。明初刊本地學心傳作四十八演現虛實。似共成四十有八局。係蔣氏所竄改。心傳本是也。蔣氏以二十四山一順一逆。一山兩局。成四十八局。其說妄也。四十八局。玄空有之。後人不察。誤以爲順子一局。逆子一局。湊成四十八局。一運四十八。則九運當有四百三十二局矣。故蔣注章解。均非的論。凡順者無局。逆者成局。一順一逆者。亦不成局。故一運與九運。均無成局者。其二八。三七。四六各運。各得六局。爲三十六局。五運成局最多。得十二局。合之爲四十八局。故一九兩運。用北斗打刼法。最多合用。心傳作演。演者演卦也。

陽從左邊團團轉。陰從右路轉相通。有人識得陰陽者。何愁大地不相逢。

按此言九宮之排法。陽左陰右。陽順陰逆。惟挨星均用順。飛星則有順有逆。順逆則視陰陽而演之。易逆道焉。故以逆爲貴。

陽山陽向水流陽。執定此說甚荒唐。陰山陰向水流陰。笑殺拘疑都一般。

此言僞法也。陽山陽向。陰山陰向。本宗廟一法。王禕青巖叢錄云。宗廟之法。始於閩中。其源甚遠。後浙中傳其學。而用之者甚尠。今日淨陰淨陽之法。卽其支裔。

若能勘破個中理。妙用本來同一體。陰陽相見兩爲難。一山一水何足言。

蔣注章解。對此四句。注解甚明。惟章氏解兩爲難。不足爲訓。所謂個中之理。卽山上龍神在山。不可下水。水裏龍神在水。不可上山。一體者。卽一氣貫注之意。如二運用乾山巽向。及巽山乾向。無一不二到向。二到山。則一氣貫注。山向之陰陽。皆歸一氣而已。山上龍神在山。非指一山之陰陽也。水裏龍神在水。非指一水之陰陽也。二運乾山巽向二到山。二到水。方爲眞陰陽相見。餘運類推。難。蔣氏以爲爲難知難能。而入於微妙之域。其說是也。

二十四山雙雙起。少有時師通此義。五行分布二十四。時師此訣何曾記。

雙雙起。卽有山必有向。如子必對午。午必對子。子午與午子。經四位。雙雙起也。起者。指山水起例之一字而言。第三句。言子山午向。或午山子向。在一二三四五六七八九各運中。如子午午子。其變化每運不同。學者閱天心正運一書自明。然此但指下卦言爾。若用兼向。則子午之左兼右兼午子之左兼右兼在各運中亦變化不同。且與子午午子迥異。

所謂起星是也。

山上龍神不下水。水裏龍神不上山。用此量山與步水。百里江山一晌間。

此承上文山管山水管水之義。山上龍神。到山則吉下水則凶故曰不下水。水裏龍神到水則吉。上山則凶。故曰不上山。到山到水。下水上山。其玄關全在陰陽相見。此言量山步水。非巒頭實山實水。乃流行之氣。山水各一盤也。量與步。卽是挨排之意。

到山到向。與上山下水。其間不容以髮。往往失之毫釐。謬以千里。前注謂二運中。乾山巽向巽山乾向。亥山巳向巳山亥向。爲旺星到山到向。則吉。同在一卦中。辰山戌向戌山辰向。則爲上山下水。斯凶矣。總之挨得生旺之龍神。謂之到山到向。挨得死衰之龍神。謂之上山下水。上山下水。有時亦可葬。總須下水對面有山。上山坐後有水。然終不及到山到向之爲生旺也。生旺之龍神。到山到向。葬之無不吉。章氏所謂葬着天心發豈遲是也。

二運乾山巽向。亥山巳向。本到山到向。若左兼右兼。在三度以上。用坤壬乙訣。本到山者。變而爲丁星入囚。其地葬後。皆貴而無子。因丁星入囚故也。同爲一卦之山。因左兼右兼。其天心不同如此。

更有淨陰淨陽法。前後八尺不宜雜。斜正受來陰陽取氣。乘生旺方無煞。

來山起頂須要知。三節四節不須拘。只要龍神得生旺。陰陽却與穴中移。

天元龍以子午卯酉爲陰。乾巽坤艮爲陽。人元龍以乙辛丁癸爲陰。寅申巳亥爲陽。地元龍以辰戌丑未爲陰。甲庚壬丙爲陽。此陰此陽。中五立極之運方合。至其他各運。取流行之氣。其陽其陰。不能以地盤之陰陽爲陰陽。所謂陰陽者。當認明龍分兩片陰陽取是也。山有二十四。分天元地元人元。所取者只有八。若天元兼人元。天元兼地元人元。出卦兼向。均謂之雜。雜則不淨。即犯差錯之病。福來不全。禍至無日。不獨山向如此。即穴場之來脈。穴上所見之水光。均須歸於一路。天元自天元。地元自地元。人元自人元。如二運用乾山巽向。乾字來龍。謂之眞淨。若戌乾雖在一卦。則犯差錯。穴上所見之水亦然。然此種實不易求得。故三節四節不須拘也。最要者入首一節。須極純淸。不可混雜。曰八尺者。穴場所佔之地位而言。

天上星辰似織羅。水交三八要相過。水發城門須要會。却如湖裏雁交鵝。

章解上二句。取天象之經緯。喻水法之交會。下二句。以鵝雁之往來。比流神之屈曲。其說是也。三八者。即二十四山。二十四山。字字有水。非字字能用。並辨明其生旺而已。例如二運用乾山巽向。巽上有水爲上吉。以水管水而論。水裏龍神到也。倘水自震方來至坤方去。不知者以爲震方有甲卯乙三山。坤方有未坤申三方。而向上巽字亦有辰巽巳三字。此九字中。有天元。有人元。有地元。則水之雜而不淨。可以想見。豈知能步此水。自有祕訣。只要地元人元處。（卽辰丙甲三字。地元也。巳丁乙三字。人元也。）水不放光。而巽午卯三處。有水放光。反作吉論。午字處水裏龍神爲六。六白爲中元吉星。現在二運雖上元。六白之氣相距尚遠。然六白爲中元之統卦氣。以元而論。則上元已得中元之氣矣。卯字處水裏龍神爲三。三碧爲二黑之未來氣。相距甚近。卯爲巽之城門。溫解玄空五行生旺之星。排到城門。卽吉。他處稍得衰星。亦可轉禍爲福。正得城門之意。因山之缺口。水之三叉。穴上左右兩宮所見之水。均爲城門。城門一訣。是補山上水裏龍神之不足。藉以助生旺者也。溫解允。雁交鵝者。即上下二氣。

交錯往來。正得龍神生旺之氣也。

富貴貧賤在水神。水是山家血脈精。山靜水動晝夜定。水主財祿山人丁。

此言山管人丁。水管財祿。而水較山爲尤要。水動也。故見效易。山靜也。

故見效遲。例如人添一丁。喜事也。然養之育之教之誨之。待其成人。非

二十年不可。水則動。象吉凶立見。故水裏龍神較山上龍神。其見效尤

速。

乾坤艮巽號御街。四大神尊在內排。生剋須憑五行布。要識天機玄妙處。

乾坤艮巽水長流。吉神先入家豪富。

此言子午卯酉四正之向。而用乾坤艮巽四維之水。爲城門也。所言乾

坤艮巽。切勿以死板之乾坤艮巽爲乾坤艮巽。當以流行之氣乾坤艮

巽爲乾坤艮巽也。各運之中宮不同。如二運乾挨卯。坤挨艮。艮挨戌。巽挨子。則乾坤艮巽因流行之氣變而爲卯艮戌子矣。在卯艮戌子四字中。卯子爲吉。艮戌凶也。此一節重在排字布字。不排不布。猶盲人騎瞎馬。爾學者牢記一排字一布字。卽能明內中玄關。生剋憑五行分布。指挨星而言。天機。非天機不可洩漏之天機。所謂天機者。卽指中宮而言。元旦盤以戊己爲天機。在他運。如一運坎入中。二運坤入中。三運震入中。入中者卽天機也。餘類推。御街章解謂水形屈曲是也。

請驗一家舊日墳。十墳埋下九墳貧。惟有一墳能發福。去水來山盡合情。

此言十墳同在一處。形局方位均同。而吉凶有不同者。因九墳下葬之日。均背時失運。故凶。一墳則合時合運。故吉。去水來山。非指形局言。指理氣言也。合情者。指山與水皆合元運也。山水合情。卽有山排到山。有水排到水是也。

宗廟本是陰陽玄。得四失六難爲全。三才六建雖爲妙。得三失五盡爲偏。
蓋因一行擾外國。遂把五行顛倒編。以訛傳訛竟不明。所以禍福爲胡亂。

得四失六。得三失五。溫解謂乃八方山水。形體與玄空五行之法不能處處相合。或水吉而山凶。或山吉而水凶。或向首乘旺。而坐山值衰。或山水衰旺參半。難以全吉。故云然也。其說甚合舊唐書方伎傳。一行姓張。先名遂。魏州昌樂人也。少聰敏。博覽經史。尤精曆象五行之學。至於造僞術。以擾外國。其事無攷。

王則先　初校
申聽禪　覆校
孫　延國　三校

地理辨正抉要

錢塘沈紹勳竹礽著

青囊奧語

此卷相傳楊筠松撰。疑卷首句有脫奪。蓋開口即言坤壬乙。如奇峯特起。自來著述中所罕見。其上有脫奪可證也。

坤壬乙。巨門從頭出。艮丙辛。位位是破星。巽辰亥。盡是武曲位。甲癸申。貪狼一路行。

此四句。言兼向之用。章解謂下卦起星。定卦分星。此八字頗當。如子山午向。不左兼右兼。是謂之卦。用下卦可也。如子山午向兼壬丙。或子山午向兼癸丁。是謂之星。須用起星之法。起星之法。與下卦異。故姜氏曰。此九星。與八宮掌訣九星不同。又曰坤壬乙。非盡巨門。而與巨門爲一例。艮丙辛。非盡破軍。而與破軍為一例。巽辰亥。非盡武曲。而與武曲為一例。甲癸申。非盡貪狼。而與貪狼為一例。此姜氏之說。已發其奧。姜氏從師隨筆亦云。杜陵夫子每謂今日偽學所持之蔣盤。在起星一層。除坤壬乙。艮丙辛。巽辰亥。甲癸申。十二字外。子祿。丑弼。寅輔。卯祿。巳文。午弼。丁輔。未祿。庚輔。酉弼。戌文。乾文。無一字合法。指為余所定。妄矣。又曰。授余以子癸並甲申口訣二十八句。乃知子癸甲申貪。卯乙未坤壬巨。辰戌乾亥巽巳武。酉辛丑艮丙破。午丁寅庚弼。則二十四字明白宣布矣。但溫解仍以下卦解之。殊誤。且二十四字。非字字可用替星。能用替者。共十三字。坎宮壬替巨。離宮丙替破。震宮甲替貪。卯與乙替巨。兌宮庚替弼。乾宮三山無替可尋。而巽宮三山辰巽巳均替武。坤宮申替貪。艮宮丑與艮替破。寅替弼。此十三字是也。至攷其起原。則姜氏未言其奧。今略言之。二十四山。皆相對合十。替則有合十。有用九。有用六。坤壬乙巨門。與艮丙辛破軍。巨門二。破軍七。二七是九。九即用九。故曰九星。天玉經云。五星配出九星名。天下任橫行是也。巽辰亥武曲。而對待之乾戌巳。亦是武曲。武曲六。即用六也。乾巽兩宮何以用六。因五在中。順飛乾爲六。逆飛巽爲六也。甲癸申貪狼。不言對待。其對待即庚丁寅也。此三字皆右弼。貪狼一。右弼九。是合十也。餘如子未卯與午丑酉六字。如下表。至於本篇挨貪挨巨。聚訟紛紛。莫衷一是。其黠者並以天機祕密。未敢經洩。自誤誤人。如楊救貧之陋。而蔣姜諸人。又推波助瀾。尤而效之。罪又甚焉。而近人自以爲習玄空者。實一無所知。偶誦奧語。天玉經。都天寶照經中。拾其唾餘。自謂奧妙。叩其實。即以天機兩字相搪塞。與習三合害人無異。今將挨貪挨巨之要。詳細敘述。列表如下。其他如子未卯與午丑酉。可不解而自明矣。

壬巨	丙破	用九	此二字可替
坎一子貪	離九午弼	合十	此二字不能替
癸貪	丁弼	合十	此二字不能替
未巨	丑破	用九	此二字可替
坤二坤巨	艮八艮破	用九	此二字可替
申貪	寅弼	合十	此二字申下卦二寅下卦八今替則貪一弼九雖合十可替
甲貪	庚弼	合十	此二字甲下卦三庚下卦七今替則貪一弼九雖合十可替
震三卯巨	兌七酉破	用九	此二字可替
乙巨	辛破	用九	此二字可替

如左表一二三。僅用巨貪。九八七。僅用破弼。卦始于一。終于九。壬丙是

也。餘則用九合十。皆雙雙起。天玉經所謂九星雙起雌雄異玄關眞妙處是也。

凡兼向宜看兼之多寡。如兼一分者。無須尋替。若兼三四分者。必須尋替。何以故。因磁針有偏度。今之所謂下卦。如用子午正向。以偏度故。實非正子午者矣。然一度係二百里。一宅一穴。所佔地位至小。不能離子午範圍之中。若兼三度以外。已出子午之外矣。以偏度論之。故兼三度以外者。必須尋替。其理如此。

陽起於子。此云子癸至亥壬。則滿盤皆陽。二十四山無一非陽也。陰起於午。此云午丁至巳丙。則滿盤皆陰。二十四山無一非陰也。不知盤中左爲陽。子癸至亥壬。右爲陰。午丁至巳丙。

諸字紅陽黑陰。乃元旦盤一定之理。若以流行之氣言。在一二三四六七八九各運中。以元旦盤爲陽。而流行之氣。有時爲陽。有時爲陰。元旦盤爲陰。而流行之氣。有時爲陰。有時爲陽矣。姜氏所謂路路有陽路路有陰。章解所謂非拘定左邊爲陽。右邊爲陰也。陰陽有一定之氣。無一定之理。陰陽雖無定所。隨時而在。其說是也。

雌與雄。交會合玄空。雄與雌。玄空卦內推。

此四句。只有一義。並無二事。楊氏妄將雌與雄。雄與雌。分而爲二。易使人誤入歧途。其實雄卽陽玄空之用。遇陽順排而已。雌卽陰玄空之用。遇陰逆排而已。

山與水。須要明此理。水與山。禍福盡相關。

此二句。與上節同。惟山與水用法。却與雌雄有別。非山雄而水雌也。乃流行之氣。交媾爲雌雄。凡到山到向。山上排龍。當旺之令星。須要排到山上。水裏排龍。當旺之令星。須要排到向上。方爲合局。若上山下水。坐空朝滿之地。亦可用之。若雙星會合向首。須水外有山。若雙星會合坐山。須坐後有山。山外有水。此山水之理。亦禍福之所關者也。

明玄空。只在五行中。知此法。不須尋納甲。

此承上文言之也。五行。章解謂是挨星五行。卽大玄空九星五行。非諸家之五行也。切莫誤認。其說是也。納甲起於魏伯陽之參同契。爲易支流。其說以乾納甲。坤納乙。艮納丙。兌納丁。震納庚。巽納辛。坎納戊。離納己。姜注以離納壬。坎納癸。與魏氏異。

顚顚倒。二十四山有珠寶。順逆行。二十四山有火坑。

顚顚倒與順逆行。乃玄空之眞諦。所謂顚顚倒者。流行之氣。山向均逆。逆則到山到向。珠寶是也。所謂順逆行者。流行之氣。或山順而向逆。則

雙星會合向首或山逆而向順則雙星會合坐山如是吉凶無定遇凶時則爲火坑矣

認金龍一經一緯義不窮動不動直待高人施妙用

元旦盤是不動即經也各運流行之氣運運不同是動即緯也姜氏釋動不動義泛不可讀溫解謂經即地體爲靜而不動緯即天氣乃動而不息又謂二十四山不動之定位亦爲經玄空流行之八卦二十四山亦爲緯其說切於實用

第一義要識龍身行與止

第一義至第十眞學者往往以爲是指巒頭而言非也然理氣巒頭體用兼顧不可偏廢而此十事者實指理氣而言

此言龍身行止行止二者實係啞謎非龍行龍止也行止二字義與青

囊經養老同得令者爲行。失令者爲止。如寶照經云。本山來龍立本向。返吟伏吟禍難當。此言龍身不當令也。若本山來龍立本向。行止之定可識。而何以反凶者。不當令故也。

第二言。來脈明堂不可偏。

章解以行止解此。界限欠淸。惟云辨其屬何卦氣。屬何生旺。得爲不偏。不得卽謂偏。其說是也。凡結穴之地。來脈明堂。形局整齊。而造宅反得禍戾者。因不乘生旺故也。姜注謂楊公之意。蓋謂來脈自有來脈之受氣。明堂自有明堂之受氣。二者須各乘生旺。兼而收之。不可偏廢也。與章解義合。

第三法。傳送功曹不高壓。

申爲傳送。寅爲功曹。如立子山午向。右砂盡於申。左砂起於寅。姜氏謂傳送功曹乃左右護龍星辰是也。奧語言傳送功曹非眞正申寅之傳送功曹。乃左右兩砂。卽爲傳送功曹不高壓者。如二運用乾山巽向卯字處排水得三三。爲未來之氣。若此處閉塞而不通。兼有奇峯特起至三運卽爲水裏龍神上山。是運不吉。其地須寬展有水曲繞。方爲吉徵。餘類推。

第四奇。明堂十字有玄微。

凡地勢堂局完美者。必有一定之向。不能人爲改動。而出於天然也。十字者。穴之左右前後。前之朝。後之坐。左右之護砂。天然生成。不能假借。倘地吉而時衰。所謂吉地凶葬。待時可也。程子曰。非時不葬。卽是玄微之意。

第五妙。前後青龍兩相照。

青龍兩字。亦是啞謎。非左青龍右白虎之青龍也。青龍卽生旺之氣。青爲甲乙木。因五行生旺之氣。莫盛於木。故借青龍以喻生旺也。前後者。前指水裏排龍。後指山上排龍。兩者。山與水也。兩相照。卽令星到山到向也。姜注章解。均不合理。溫解佚。不可考也。

第六祕。八國城門鎖正氣。

都天寶照經云。五星一訣非眞訣。城門一訣最爲良。惟蔣姜章溫諸注解。於城門一訣。皆吞吞吐吐。不肯輕洩。溫解謂用山有山之城門。用水有水之城門。無非要將當元得令之星。排到城門。僅略一洩漏耳。城門者何。卽水交三八是也。如子山午向。以坤巽兩字爲城門。午山子向。以乾艮兩字爲城門。乾山巽向。以午卯兩字爲城門。巽山乾向。以子酉兩字爲城門。酉山卯向。以巽艮兩字爲城門。卯山酉向。以坤乾兩字爲城

門艮山坤向。以午酉兩字爲城門。坤山艮向。以子卯兩字爲城門。此舉
天元龍而言也。人元地元依此類推。三合謂之黃泉。即城門也。如山有
缺口。水放光瀁。方合城門一訣。八國者。如天元龍爲子午卯酉乾巽艮
坤也。如用午山子向。諸山皆環圍。若艮字有水放光。即合城門之用。然
天元地元人元諸向。城門之理。要在遇陰字逆行則可。遇陽字順行即
不合。所謂鎖者。以城門生旺之氣。鎖住七國死衰之氣也。

第七奧。要向天心尋十道。

章解謂十道。即天卦之十道也。其說精要。如二運。二入中。二即天心也。
二運用乾山巽向。巽挨一。乾挨三。又以一三入中。一三亦即天心也。用
未山丑向。丑挨五。未挨八。又以五八入中。五八亦即天心也。天心十道
者。如用乾山巽向。即乾巽艮坤也。如用未山丑向者。即未丑戌辰也。餘

類推。至天心十道與明堂十字有別。溷解混而爲一。大誤。

第八裁。屈曲流神認去來。

流神。水也。天玉經曰。向水流歸一路行。到處有聲名。一路行。如天元龍之山。而用天元龍之向。並有天元龍之水。一氣貫注。若流神天人相雜。或天地相雜。或出卦。則多駁雜。認去來。卽天元龍撥水入天元是也。此認字當牢記。玄空用水。不論去來。以屈曲環抱有情爲主。如山穴。見大海大江大湖。其水環抱屈曲。有十二字以上者。要收得緊。不撲面。不蕩胸。不斜飛。不直沖。此係大地。可不必拘於八國也。如天元龍山向。而天元龍所見之水反小。地元人元所見之水反大。則非吉地。

第九神。任他平地與青雲。第十眞。若有一缺非眞情。

平地。卽平洋也。青雲。高也。卽山穴也。姜注平地高山。絕無二法。上八句。

各有一義。末二句。不過丁寧以囑之。其說是也。總之無論平地高地須皆合玄空之法也。

明倒杖。卦坐陰陽何必想。

姜注未能盡善。章溫兩解亦不倫。皆背原義。章解附筆又云。楊公當時攜杖登山。隨機指點。後人神其說。爲有十二種倒杖法。傳訛之至。章說亦非。明倒杖三字。係救貧自謂。則倒杖乃名詞。惟啞謎爾。蓋杖非攜杖登山之杖。說文杖。持也。漢書西南夷傳註。杖猶倚也。又李尋傳。近臣已不足杖矣。注。杖謂倚任也。又高帝本紀。杖義而西。注。杖亦倚任之意。是其例。倒卽天玉經翻天倒地對不同之倒也。此三字。承上文第一義至第十眞而言也。能知倒字。並倚任上文之十事。卽謂之明倒杖。能明倒杖。則某干爲陽。某支爲陰。其所坐陰陽。自然一目瞭然。故曰何必想。

識掌模。太極分明必有圖。

此太極。非言穴暈也。章解謂識掌模三字。分明是掌上起星辰。類聚羣分之太極。何曾說著地中之太極。果是地中之太極。與掌何相干涉。溫解謂此節姜氏恐露其機。借地中太極以混之。其說皆是也。天玉經云。天卦江東掌上尋。都天寶照經云。全憑掌上起星辰。卽識掌模之謂也。掌上起星辰之法。卽天心正運九宮之法。學者能得其術。用之已熟。無待楮墨。卽可於掌上模之。太極者。卽中五立極之意。

知化氣。生剋制化須熟記。

五行之氣。不能過旺。亦不能大衰。所謂不足宜補。有餘宜洩。方合生剋制化四字之理。何謂生。卽水生木。木生火。火生土。土生金。金生水也。何謂剋。卽木剋土。土剋水。水剋火。火剋金。金剋木也。何謂制。水生木。水過甚。則水泛木流。須有土以制之。木生火。火過甚。則火焚山林。須有水以制之。火生土。土過甚。則火不炎上。須有木以制之。金生水。水過甚。則水冷金寒。須有火以制之。則五行有制。得調劑之功矣。何謂化。即甲己化土。乙庚化金。丙辛化水。丁壬化木。戊癸化火是也。惟玄空之法。有生有剋有制而無化。故姜注謂扶生旺之氣。勝衰敗之氣。是爲制化。是遁辭也。章解謂知化氣。要知天地化育之氣。其說是也。是僅能解上化字。若下化字。作化育之化字解。未免太混。即以生剋而論。生剋誠爲五行之生剋。但泥乎此。而不以玄空立論。則謬矣。制化二字。指兼向言。如以甲己化土之化字解此可也。或謂以此解之。即犯陰陽錯差。而與天元一氣。地元一氣。人元一氣之說。亦背道而馳矣。不知兼向其氣不專。故可以制化二字解也。

說五星。方圓尖秀要分明。

方指土言。圓指水言。尖指木言。秀指水言。五星中不言火者。因火須在發脈處。穴上見之。卽作凶論。形局雖如是。然仍以玄空山水兩盤。察其飛星若何。然後能定生剋也。姜注拘泥山龍形體。失之甚矣。

曉高低。星峯須辨得玄微。

此星峯高低。非巒頭之形勢也。故曰曉。若爲有形之巒頭。則何必曰曉。章解謂星峯在旺方宜高。衰方宜低。是楊曾之眞訣。須高處得高處之五行。低處得低處之五行。玄微者。各得其宜也。章解允。

鬼與曜。生死去來眞要妙。

此言鬼曜。非巒頭之鬼曜也。生者爲曜。死者爲鬼。生死去來。卽挨生棄死之謂也。總之玄空挨排。在二運逢二字爲生。是指水上言也。若水裏排龍。二字落在山上。亦爲死矣。逢三字爲來。因在二運。三爲未來之氣也。逢一字爲去。因在二運。一爲過去之氣也。餘類推。

向放水生旺有吉休囚否。

葬地以向首爲最要。青囊序云。朱雀發源生旺氣。天玉經云。向水流歸一路行。到處有聲名。又云。先定來山後定向。聯珠不相放。又云。本向本水四神奇。代代著緋衣。都天寶照經云。只向水神朝處取。莫說後無主。又云。水來當面是眞龍。五歌云。向首一星災福柄。去來二口生死門。此皆支離破碎。了無情義。直截言之。立穴以向首爲最要。向上有水則尤貴。總之向上有水。水裏排龍。須到向方爲生旺。若向上無水。水裏排龍不到向而上山。卽爲休囚。因向上無水。雖同一挨法。而排算則不同也。

二十四山分五行。知得榮枯死與生。

此二句。承上文而言之也。榮枯即生死。得令者爲榮爲生。失令者爲枯爲死。

翻天倒地對不同。其中祕密在玄空。

此言翻天倒地者。言天心正運之挨排法也。此法與世俗所傳之法異。故曰對不同。對不同者。言與諸家之法絕對不相同也。祕密者何。即中五是也。非祕密深藏之祕密。亦非嚴守祕密之祕密也。更非天機須守祕密也。姜注謂此其祕密之理。非傳心不可。心即天心也。唐張說詩云。講易見天心。言天心爲易之祕密。即中五爲天心是也。則姜氏謂祕密之理。非傳心不可。已明白流露。讀者不察。不知祕密之體。即中五。祕密之用。即玄空。不可誤認祕密爲祕密深藏之祕密。爲嚴守祕密之祕密。爲天機須守祕密之祕密。然姜氏以祕密之理須傳心。已將竅妙舉發。

明眼人見之。知祕密即中五。鈍根人見之。永遠墮入阿鼻地獄。不能自拔。哀哉。

認龍立穴要分明。在人仔細辨天心。

天心。即姜注所謂傳心是也。天心者何。以運而論。一運一入中。一即天心也。二運二入中。二即天心也。餘類推。在認龍立穴。穴之要者。爲山向二者而已。如二運立乾山巽向。山上天盤爲三。向上天盤爲一。復以一三入中。逆飛。一三入中。亦是天心也。立戌山辰向。山上天盤亦爲三。向上天盤亦爲一。復以一三入中。順飛。一三入中。亦是天心也。餘類推。同以一三入中逆飛。則到山到向。順飛。則上山下水。故救貧云。要分明。要仔細。其言至要。故三致意焉。

天心既辨穴何難。但把向中放水看。

認龍立穴先在向中放水。正是玄空主腦。然山有一定之形體。水亦有一定之形體。不能相混。如以二運以戌山辰向上山下水。硬湊乾山巽向。以爲到山到向。致坐不正。向不正。水不正。亦不可也。

從外生入名爲進。定知財寶積如山。從內生出名爲退。家內錢財皆盡費。生入尅入名爲旺。子孫高官盡富貴。

外賓也。內主也。主尅賓。爲尅出。賓尅主。爲尅入。主生賓。爲生出。賓生主。爲生入。生入尅入爲吉。是爲進神。生出尅出爲退。是爲退神。又有比和。如一運午山子向。雙星會合於向首。遇一一者。即比和是也。此六句。淺人解之。每生僞法。總之生入尅入爲吉。猶如錦上添花。倘上山下水之地。雖生入尅入。而無能趨吉。到山到向。雖尅出生出。而亦可避凶。所謂向首一星災福柄。因禍福關鍵。皆在向首也。

脈息生旺要知因。龍歇脈寒災禍侵。縱有他山來救助。空勞祿馬護龍行。

脈息生旺。卽山水卦氣生旺。一卦清純。如二運用乾山巽向。到山到向。坐後有山。到向向上有水。卽脈息生旺之地。倘坐空朝滿之局。而用乾山巽向。到山而無山。到向而無水。則爲上山下水。卽是龍歇脈寒之地。此言龍脈。非巒頭之龍脈。乃玄空之龍脈也。祿馬係俗法。故救貧譏之。

勸君再把星辰辨。吉凶禍福如神見。識得此篇眞妙微。又見郭璞再出現。

此總結上文。生旺歇寒。包括星辰之中。勸人以星辰辨正之。星辰生旺。其地卽生旺。星辰歇寒。其地卽歇寒矣。如二運用乾山巽向。到山到向。卽爲生旺。三運用乾山巽向。上山下水。卽爲歇寒。總之得令者爲生旺。失令者爲歇寒。靑囊序云。請驗一家舊日墳。十墳埋下九墳貧。惟有一墳能發福。去水來山盡合情。卽是此意。

附錄

曾廉泉先生劄記

坤壬乙一訣。世人咸未能明其起例。自杜陵辨正後。解之者不下數十百家。大率言皆鄉壁。文又舛偽。章仲山以卦星分解。雖得其訣。亦不能明其奧旨。 竹礽此解。將昔人謬說。皆廓而清之。九星之名。昉自逸周書。小開武篇云。維天九星。注四方及五星也。可證注以四方五星爲九。並無貪狼巨門祿存文曲廉貞武曲破軍左輔右弼諸名。自俗家蓋天黃道之說風行。於是星名乃見出諸術士之口。名不雅馴。攷漢書翼奉傳。好行貪狼。申子主之。惡行廉貞。寅午主之。是齊詩之六情。唐李湻風乙巳占。闡明奉義。奉所謂貪狼廉貞。皆指人之情而論。雖益之十二支。不作星解也。後人以貪狼廉貞附會翼奉之說。誤甚。玄空之所謂星者。

係指卦之變。彼術士取一白二黑等名。以代八卦。取貪狼巨門等名。以代九星。亦擬議之而已矣。非眞有星也。否則活潑潑之玄空。即爲呆板之物。又烏乎可。正向用卦。兼向用星。故仲山解此一則曰下卦起星。再則曰定卦分星。義已明確。語惜未詳。致僞說紛起。今　竹礽以九星之義。出於用九。則大義昭然。日月出而爝火息。信然。

屈懷白　初校

馬太空　覆校

申聽禪　三校

地理辨正抉要

錢塘沈紹勳竹礽箸

天玉經 唐楊益筠松撰

內傳上

江東一卦從來吉。八神四個一。

江者坎也。江東一卦。即地元卦在坎宮為壬。壬本在西。而今曰江東者何也。因東一卦。從江而來。來者順排。壬屬陽。順行八神而曰四個。取對待言也。壬與丙對。甲與庚對。丑與未對。辰與戌對。此八神者。左不能兼人。右不能兼天。只有一卦可用。故曰一。蔣注謂一者。此一卦。只管一卦之事。不能兼通他卦也。又曰有一卦止得一卦之用者。即指此也。

江西一卦排龍位。八神四個二。

玄空之法。律法至嚴。不容絲毫差錯。江西一卦。實言人元卦。不過人元之陰陽。依附天元卦而已。天元卦之陰陽。卽人元卦之陰陽。雖無差錯之病。而夾雜則不能免。不如單用天元。或單用人元。反覺一卦澄清。然山水性情。豈能一字澄清到底。山脈自天人來者。反居多數。此等地雖有小疵。猶富者不能積蓄。貴者動遭遷謫。然猶爲富貴之家。與小康未秩。實有別也。江西一卦。卽人元卦。在坎宮爲癸。癸本在東。而今曰江西何也。因西一卦。從江而去。去者逆數。癸屬陰。逆行。八神而曰四個。亦取對待言也。癸與丁對。乙與辛對。寅與申對。巳與亥對。此八神者。爲人元卦。亦八神四個一也。今曰四個二。因子從癸。午從丁。卯從乙。酉從辛。是天元從人元也。寅中有甲丙。申中有庚壬。巳中有丙庚。亥中有壬甲。是人元含地元之氣也。此八神者。癸丁乙辛。人元可從天元。天元亦可包

括人元。因陰陽相同。可免差錯之病也。至寅申巳亥。其中所藏之干。係
地元。爲人地可兼之證。地元中惟壬丙丙壬。無到山到向者。惟六運中
用兼向方到山到向。然作兼向。當細心爲之。須謹察來脈明堂。然後定
爲天元。定爲人元。因此章救貧立說。非僅言直達而已。而補救之法。亦
在其中矣。何謂直達。卽子山午向也。何謂補救。卽子午兼癸丁也。一卦
而得二卦之用。故曰。二。蔣注此一卦兼管二卦之事。又曰。有一卦兼得
二卦之用者。卽指此也。
南北八神共一卦。端的應無差。
章解。八神者。卽坎坤震巽離艮兌乾也。共一卦者。共此一卦。而爲九也。
能用此一卦所建之處。卽能全收三卦。總該八神。又非八神四個二之
所可比也。蔣注云。不云四個者。此卦突然自起。又云八神共一卦者。此

卦包含三卦。總該八神。又非八神四個二一之比也。章解甚明。然章氏究因祕密二字。橫塞胸肊。言多不實。共字指五入中。即戊己也。端爲端居之端。的爲矢的之的。明明言五入中也。惟此卦。能全收三卦。而盡得三卦之用也。蔣注及章溫兩解。已漏洩矣。惟深懼天律有戒。不肯直道。此其過也。總之江東江西。係山一盤水一盤也。青囊序所謂江西龍去望江東是也。南北一盤。即是天盤也。江西江東。須由南北八神而來。青囊序所謂江南龍來江北望是也。

二十四龍管三卦。莫與時師話。忽然知得便通仙。代代鼓騈闐。

此承上文言之也。天元龍。子午。卯酉。乾巽。艮坤。人元龍癸丁。乙辛。亥巳。寅申。地元龍。壬丙。甲庚。戌辰。丑未。一卦管三卦。如坎卦管壬子癸三山也。壬地元。子天元。癸人元。又如離卦管丙午丁三山。丙地元。午天元。丁人元。餘類推。此節蔣注淺而不切。章解以三般卦誤爲三卦。更謬。其餘諸家注解百餘種。皆厥詞不通。余所最服膺者。惟溫解。學者將溫解讀之可也。下三句。皆係雜湊。殊無精義。

天卦江東掌上尋。知了值千金。地畫八卦誰能會。山與水相對。

天卦江東可尋。江西亦可尋。此但言江東。舉一反三可也。知江東可尋。即知江西可尋。因天盤即流行之氣。除五運外。運運不同者也。地畫八卦。即元旦盤。亦爲五運之運盤。如二運用乾山巽向。乾巽地畫八卦也。如乾巽即山水相對。然在二運。天盤非乾巽。爲卯子矣。是乾巽者山與水之體。卯子者山與水之用也。

父母陰陽仔細尋。前後相兼定。前後相兼兩路看。分定兩邊安。

蔣注。卦有卦之父母。爻有爻之父母。皆陰陽交媾之妙理。其語含混致全文皆誤章解。父母是隨氣建極之父母。陰陽是隨時變易之陰陽。其說是也。溫解不足爲訓。總而言之。父母卽入中之一字。如一運一入中。二運二入中。三運三入中之類是也。一入中。挨星飛布八方。二到乾。三到兌。四到艮。五到離。六到坎。七到坤。八到震。九到巽。前後者。如立子山午向。前謂午向。後謂子山。子午之陰陽。六到坎。子兼乾也。五到離。午兼己也。乾屬陽。己屬陰。午陰子陽。分其順逆。故曰尋也。兩路者。山上爲一路。水裏爲一路也。兩邊者。山上龍神所流行之氣爲一邊。水裏龍神所流行之氣亦爲一邊也。則此子山午向。父母爲坎一。兩路爲五六入中。五六流行之氣。爲山一片。水一片。是兩邊也。

卦內八卦不出位。代代人尊貴。向水流歸一路行。到處有聲名。龍行出卦無官貴。不用勞心力。只把天醫福德裝。未解見榮光。

出位與出卦異。不出位者。如二運用乾山巽向。二到山。二到向。卽謂之不出位。若向上有水。其發尤速。故曰向水流歸一路行。蔣注謂向須卦內之向。水須卦內之水。二者皆歸本卦。則全美矣。此已明言。惜誤解天機。不能明白揭出。爾出卦者。如巳亥兼丙壬之類是也。丙屬離卦。壬屬坎卦。巳屬巽卦。亥屬乾卦。坐山亥壬。乾出卦矣。向首巳丙。巽出卦矣。出卦卽犯差錯之病。未能如一卦澄清。絲毫不亂。惟出卦之地。有時用坤壬乙訣。亦可到山到向。惟術不精者。切不可嘗試。

倒排父母蔭龍位。山向同流水。十二陰陽一路排。總是卦中來。

此節重在倒排二字。蔣注謂山向與水神。必倒排以定陰陽。其說是也。

凡玄空挨排之法。遇陰逆飛。逆飛卽倒排也。倒排則可收旺星。故曰倒排父母蔭龍位是也。十二陰陽者。山雖二十有四。而陰陽只有十二。以五運論子午爲陰。癸丁爲陰。丑未爲陰。卯酉爲陰。乙辛爲陰。辰戌爲陰。共十二陰也。壬丙爲陽。艮坤爲陽。寅申爲陽。甲庚爲陽。巽乾爲陽。巳亥爲陽。共十二陽也。十二陰陽之位。排列分明。故曰一路排。此陰此陽由卦而來。故曰總是卦中來。諸家此節注解。均不足取。

關天關地定雌雄。富貴此中逢。翻天倒地對不同。祕密在玄空。

天天盤也。地地盤也。地盤亦謂之元旦盤。章解關卽察也。看也。其說是也。又解關地云看地之是地非地。章說不當。總之巒頭不眞。理氣亦無用。巒頭本也。理氣末也。既非地。何必再看。可證其解地字之誤。溫解以天地爲干支。更誤。定雌雄者。非定地盤之雌雄。察天盤流行之氣。逢陰爲雌。遇陽爲雄也。淮南子曰。堪輿行雄以知雌。許愼曰。堪天道也。輿地道也。雌雄二字本此。章解謂翻倒。是言陰可作陽。陽可作陰。陰不是陰。

陽不是陽之翻倒也。其說允。一九兩運無局。二八。三七。四六。各運中。到山到向者。每運得六局。六運得三十六局。合五運十二局。共得四十八局。如二運乾巽。巽乾。亥巳。巳亥。丑未。未丑。六局。乾與巽。巳與亥。地盤本陽也。今以翻倒之故。陽可作陰矣。丑與未。地盤本陰也。今以翻倒之故。陰不是陰矣。凡二運山向成局者。八運亦必成局。是二八合十故也。三運卯酉。酉卯。乙辛。辛乙。辰戌。戌辰。六局。卯與酉。乙與辛。辰與戌。地盤本陰也。今以翻倒之故。陰不是陰矣。凡三運山向成局者。七運亦必成局。是三七合十故也。四運艮坤。坤艮。寅申。申寅。甲庚。庚甲。六局。艮與坤。寅與申。甲與庚。地盤本陽也。今以翻倒之故。陽可作陰矣。凡四運山向成局者。六運亦必成局。是四六合十故也。在五運陽自爲陽。陰自爲陰。陽順行。陰逆行可也。其他各運。則陰可作陽。陽可作陰。陰不是陰。陽不是陽章解是也。此陰陽之祕密。於玄空法中求之可也。對不同者。言玄空之法。絕對與他家異也。

三陽水向盡源流。富貴永無休。三陽六秀二神當。立見入朝堂。

蔣注。三陽者。丙午丁也。但三陽。不獨丙午丁為三陽。壬子癸丑艮寅等皆可作三陽。章解注中獨提丙午丁三字。不過以此為例。其說是也。六秀者。蔣注云本卦之二爻。故曰二神。此注蔣氏異常祕密。其舉丙午丁者。指離宮言。離宮丙午丁三陽也。其夾離兩卦辰巽巳未坤申為六秀用壬山丙向。則丙為三陽。辰未為六秀之二神。用子山午向。則午為三陽。巽坤為六秀之二神。用癸山丁山。則丁為三陽。巳申為六秀之二神。餘類推。其實以生旺為三陽水。衰歇為煞水。學者當識之。

水到御街官便至。神童狀元出。印綬若然居水口。御街近台輔。鼕鼕鼓角隨流水。豔豔紅旆貴。

御街。印綬。鼓角。紅旆。俗士向巒頭上求之。眞夢囈爾。章解。御街指來水。印綬言羅星。鼓角紅旆。皆是砂之美名。但仍未揭明。總之御街印綬鼓角紅旆。須要挨着生旺之氣。方合六句之意。儻逢衰歇之氣。神童狀元變爲蠢子乞丐矣。

上按三才并六建。排定陰陽算。下按玉輦捍門流龍去要囘頭。

蔣注。三才。卽三吉。六建。卽六秀。三才卽天地人。與上注天元地元人元語合。六建之說不可攷。陰陽五行家言有月建。有日建。月建者正月建寅。二月建卯。三月建辰是也。日建者正月建寅之月遇寅日。二月建卯之月遇卯日。三月建辰之月遇辰日是也。餘類推。名詞已誤。何能注之。

救貧上節言三陽六秀。此節言三才六建。其術人之欺世歟。至於玉輦卽御街。桿門卽水口。巧立名目。令人目炫。

六建分明號六龍。名姓達天聰。正山正向流支上。寡夭遭刑杖。

先云六秀。次云六建。又云六龍。一名變爲三名。江湖術士之口吻也。六龍。卽易所謂時乘六龍以馭天也。然六龍爲九宮法之一事。不能以六龍包括九宮也。乾卦初四兩爻變巽。巽六龍之一也。二五兩爻變離。離六龍之一也。三上兩爻變兌。兌六龍之一也。乾之變六龍得巽離兌三卦。皆陰卦也。坤卦初四兩爻變震。震六龍之一也。與乾之變巽對待。二五兩爻變坎。坎六龍之一也。與乾之變離對待。三上兩爻變艮。艮六龍之一也。與乾之變兌對待。坤之變震坎艮三卦。皆陽卦也。皆乾之變對待也。乾坤之變有對待。其他六子皆有對待可知。凡事不足宜補有餘宜洩。正山正向宜洩而不宜補者也。因正山正向爲反伏吟。都天寶照云。本山來龍立本向。返吟伏吟禍難當。自緼離鄉蛇虎害。作賊充軍上法場。其語如是。殊可畏也。本山本向。卽正山正向也。如一運立丙山壬向。一爲壬之正向。山向飛星雙星會合向首。卽正山正向矣。若向上有水。猶可避免。而水在子上。此地元而用天元之水。或水在亥上。此地元而用出卦人元之水。是爲正山正向流支上。遭禍害矣。此節蔣注可誦。章解以水法之天建。地建。人建。馬建。祿建。財建。爲六建。此乃僞術也。

共路兩神爲夫婦。認取眞神路。仙人祕密定陰陽。便是眞龍岡。

共路兩神。卽陰陽二神也。上云十二陰陽一路排。是山雖二十四。而陰陽只有十二。蔣注云。共路兩神。卽一干一支也。然其說尚有遺漏。因尚闕乾巽艮坤。如巽宮爲六。離宮爲九。卽四九爲友也。巽巳丙爲陽。午丁爲陰。蔣注謂一干一支。皆可爲夫婦。然有眞夫婦。有假夫婦。如巽巳爲眞夫婦。丙午亦眞夫婦。若巳丙則不得爲眞夫婦矣。其他放此。蔣說欠妥。宜云。巽巳爲眞夫婦。午丁亦眞夫婦。丙午雖屬眞夫婦。然陰陽不共路。則有反目交讁之患。因非眞神路也。若巳丙則不得爲眞夫婦。因陰陽雖共路。而犯出卦之病。上云龍行出卦無官貴是也。巳丙用替卦。有時雖非眞夫婦。亦可獲全吉。

陰陽二字看零正。坐向須知病。若遇正神正位裝。撥水入零堂。零堂正向須知好。認取來山腦。水上排龍點位裝。積粟萬餘倉。

零神在向。零神所居曰零堂。正神在山。正神所居曰正位。然零正兩神。亦有陰陽之分。零神。一運以離爲零神。坎爲正神。二運以艮爲零神。坤爲正神。三運以兌爲零神。震爲正神。四運以乾爲零神。巽爲正神。六運以巽爲零神。乾爲正神。七運以震爲零神。兌爲正神。八運以坤爲零神。

艮爲正神。九運以坎爲零神。離爲正神。五運前十年零神寄艮後十年
零神寄坤。凡天盤五字所到之處卽爲零神所居之零堂。都天寶照經
云前頭走到五里山。遇著賓主相交接。卽指零神而言。然零神亦有陰
陽之別。凡天盤五字到向陰則爲零神。陽則爲伏吟。故一運五到離。午
丁方有水爲零神。丙方則爲伏吟。二運五到艮。丑方有水爲零神。艮寅
方爲伏吟。三運五到兌。酉辛方有水爲零神。庚方爲伏吟。四運五到乾。
戌方有水爲零神。乾亥方爲伏吟。餘類推。玄空之法。到山到向爲最吉。
若到山到向。又遇零神。則發福尤速。故曰積粟萬餘倉。以形容其富。不
可言也。至於到山到向之地。又遇零神者。在二運係未丑。三運係卯酉
乙辛。五運前十年係未丑。後十年係丑未。七運係酉卯辛乙。八運係丑
未。惟此數局而已。正神是指山到山。到向之地而零正得宜者。僅丑未

與未丑耳。蔣注章解。均覺恍惚。溫解略露一線。

正神百步始成龍。水短便遭凶。零神不問長和短。吉凶不同斷。

此節水字短字。切不可連讀。蓋水短係兩事。蔣注章解。均欠切實。溫解亦未見佳。今將章解改易數字。始覺曉暢正神言山。零神言水。正神所到之方。宜來龍來脈實地高山俱吉。有水則凶。若來龍短促。則氣不聚。亦難致福。故曰水短便遭凶。零神所臨之地。得水則吉。只要有水。雖短亦吉。故曰零神不問長和短。下句吉凶不同斷。非指零神而言。是合零正而言。猶言斷零神與正神之吉凶。不相同也。

父母排來到子息。須去認生剋。

此言山上排龍。此父母指天元龍。子息是指人元地元龍也。如坎卦。子爲父母。壬癸爲子息。祖山來脈入首束氣。須要純清天元龍。不可雜以

人地至山向與祖山得生氣爲吉得剋氣爲凶其生剋五運用元旦盤其他各運須用天盤也

水上排龍照位分兄弟更子孫

此言水上排龍其父母子息與山上排龍相同惟水之範圍如立子山午向午字之水爲父母丙丁之水之子息倘穴上見坤巽之水坤巽與午兄弟也坤之左右未申巽之左右辰巳是兄弟卦子孫也故蔣注云山上排龍來脈一路大都只在一卦之內至于水上排龍則不然水有一路來者亦有兩三路來者故須照位分開而不能拘一卦之父母只要旁來之水亦在父母一氣之卦謂之兄弟兄弟卦內又有子孫雖非一父母而總是一家骨肉來路雖多不害其爲吉也凶者反是章解衆水排龍之法排着同元一氣者爲兄弟挨得五吉三星者亦是兄弟兄

弟之左右兩爻便爲子息。兩說是也。惟用法猶未明。如立天元之向。向旁兩宮之水。或三宮四宮之水。如一運水裏龍神到向。旁來之水。排到二字或三字。二三與一。爲一二三之三般卦。謂之三星或排到六字。或八字。謂之五吉。至於城門一訣。亦作兄弟解也。如大地結作。以大海大江大河大湖。爲外明堂者。水勢環繞。能見四五宮之水者。如立天元之向。只要人地字處。安靜有情。無飛蕩之形。不可作卦氣不純論。

二十四山分兩路。認取五行主。龍中交戰水中裝。便是正龍傷。前面若無凶交破。莫斷爲凶禍。凶星看在何公頭。仔細認蹤由。

此節卽承上文水上排龍之法。重言以申明之也。二十四山分兩路者。卽山一片水一片是也。認取五行者。謂山水兩路。認淸陰陽。以陽順陰逆挨排之。而明其吉凶蹤由。龍中交戰水中裝。句卽言山裏龍神下水也。山裏龍神下水。則正龍已傷。若雙星會合向首之地。水外有山。則不作凶論。蔣注以爲水之差錯。誤甚。水既差錯。其地尚可用耶。章解謂前面言水。水上挨星。若無凶星交戰。未可遽言爲凶。其說尚屬近理。公頭二字。蔣注章溫兩解皆以公位釋之。亦誤。公頭二字。係啞謎。公。君也。宅以向爲主。故用公代之。頭字承上文前面二字言也。公頭。卽向首之意。若水上排龍。水裏龍神上山。則爲凶星矣。

先定來山先定向。聯珠不相放。須知細覓五行蹤。富貴結全龍。

山管人丁。水主財祿。挨排時雖山管山。水管水。不可相混。雖分兩局。須歸一氣。山上龍神到山。則子孫衆多。水裏龍神到水。則富貴悠久。故曰聯珠不相放。聯珠者。卽一氣之意。到山有山。到水有水。一氣淸純。故謂之全龍。

五行若然翻值向。百年子孫旺。陰陽配合亦同論。富貴此中尋。

此四句。皆指向言。蔣注謂此節亦上二句言山上龍神。下二句言水裏龍神。殊謬。章解較當。翻卽翻天倒地之翻。翻値向卽水裏龍神到向。若蔣注以爲山上龍神翻值向。卽爲山裏下水。焉能使百年子孫旺哉。第三句。言水裏排龍。能得三星五吉。亦與翻值向同論也。

東西父母三般卦。算值千金價。二十四路出高官。緋紫入長安。父母不是未爲好。無官只豪富。

溫解略說三般卦。未能道其原委。東西卽顚倒。章解是也。父母卽陰陽章解非也。三般卦。溫解以三般卦爲卽二十四卦爻之父母子息分爲天地人三元之三卦。各得其八爻也。數之三般者。卽洛書一四七。二五八。三六九之九氣。分爲天地人三元之三般也。其解界限不淸。溫氏言天地人三元之三卦。尤誤。天地人無三元。更無三卦之可言。只有天元龍。地元龍。人元龍之說。其所分天地人三元。實不合理。沿用已久。只好仍之。至於父母三般卦。一四七二五八三六九。經四位起父母。其說是也。然此節天地。一事也。父母。二事也。三般卦。三事也。是言三般卦。非言父母三般也。而溫解未能分清。亦誤也。何以故。因第三句言二十四路出高官。則非隔四路起父母。鑿鑿可證者也。此言三般卦者。在一運爲一二三。在二運二三四。在三運爲三四五。在四運爲四五六。在五運爲五六七。在六運爲六七八。在七運爲七八九。在八運爲八九一。在九運爲九一二。與一四七。二五八。三六九之父母三般卦。不相涉也。父母是指天元龍。若天元龍。而人元地元駁雜。未能一卦純清。故曰未爲好。此種地不能富貴雙全。或有富而無貴。或有貴而無富。故曰無官只豪富。

反言之。卽有官而亦貧乏也。

父母排來看左右。向首分休咎。雙山雙向水零神。富貴永無貧。若遇正神須敗絕。五行當分別。隔向一神仲子當。千萬細推詳。

如一卦三山。以坎卦論。坎中壬子癸。子爲父母。壬癸卽左右。都天寶照經云。子字出脈子字尋。言龍氣不可駁雜也。若穴已尋獲。則其地必爲午向。以午字挨排。如令星到向首。其地必吉。無有休咎。雙山雙向者。如現在二運。用丑山未向。爲到山到向之局。而向上有水。又爲零神。其地無休咎矣。倘坐山之後。又有大山。向水之前。又有明水。局勢寬大。故以雙山雙向形容之。言到山者不止一山。到向者不止一水也。則其地之富貴可卜。此種地向上遇正神。如上文所謂龍中交戰水中裝。便是正龍傷。故曰敗絕。因正神用於山上。非用於向首也。敗絕之禍。應在隔向一神。曰仲子。言房分不齊也。此節蔣注章溫二解非是。所謂雙山雙向者。係指水外更有水。山上更有山。屈折重疊。言形局之美。世俗以雙山雙向作兼向論。以向兼左兼右。爲一向得兩向之用。即謂之雙向。失之甚矣。豈知兼向用替卦。仍歸于一。不當誤爲雙山雙向也。若淺人誤以兼向解雙山雙向。而又欲水得零神者。則排盡替卦。實無有也。此不能好學深思。探頤索原。故作稱心之談。若將每運每山向之替卦。一一挨排。則其誤自明矣。考其致誤之因。由於蔣注云若雙山雙向卦氣錯雜。章解云界乎半陰半陽之間。溫解云左右指兼向而言。諸說皆含混其辭。讀者不察。乃成大謬。故今三致意焉

若行公位看順逆。接得方奇特。公位若來見逆龍。男女失其蹤。

此順逆兩字與順排逆排之順逆不同。蔣注。生氣爲順。死氣爲逆。指山

星言。若水裏排龍。則又以生氣爲逆。死氣爲順。所謂水用逆。山用順。與此節意相同。溫解云。此公位卽上文所云之公位。孟仲季也。卦有乾領三男。坤領三女。一卦之中。亦有孟仲季之分。數亦有一卦中之三爻。爲一四七。二五八。三六九之分。一元三吉。亦可云孟仲季。總要從玄空流行之中。山上水裏。排到有權有力之處。得生旺爲奇特。若得衰死之氣。卽爲逆龍。丁財兩衰。則男女失其蹤矣。此說允當。然其用法溫氏亦未揭明。是以卦言。則乾坤震巽爲長房。坎離爲次房。艮兌爲三房。四房視長房。五房視二房。六房視三房。餘類推。以數言。一四七爲長房。二五八爲二房。三六九爲三房。若二運見一字。卽爲逆龍。若三四字。卽爲接得。惟公位之說。實不足拘。余見一坟。以公位挨排。戊子年長房四房七月當受孕。明年當添丁。豈知明年次三兩房添丁。長四兩房。杳無所聞。余深訝其非其父云長四兩兒赴秋闈其妻如何能受孕次三兩房正同家收租。按。紹屬早稻。六月已收。經商者多歸家。其妻故受孕。於是悟得到山到向之地未入囚者。無公位之可言。至逆龍二字。以山順不可見逆。逆則為逆龍。其穴前後左右形勢凶頑者。亦逆龍也。雖得生氣。亦不能發。

更看父母下三吉。三般卦第一。

三般卦即三吉。即二運排得二三四是也。說已見前與父母三般卦異。此云更看父母。是一意義。下三吉又一意義。非父母三般卦明矣。章解誤。三般卦指上文接得而言。

內傳中

二十四山起八宮。貪巨武輔雄。四邊盡是逃亡穴。下後令人絕。

此言小遊年卦例也。二十四山起八宮。以貪狼巨門武曲輔星為吉。貪狼一白。爲上元之統卦氣。六白武曲爲中元之統卦氣。八白輔星。爲下元之統卦氣。三者果吉。巨門爲二黑。以地母卦爲吉星。其法不可用。故曰下後令人絕。章解云有以六十四卦。每卦分得八卦定吉凶者。亦非也。按此指張心言派之謬。張氏治易。功夫尙深。惜此法未能領會。否則將出蔣氏之上矣。

惟有挨星爲最貴。洩漏天機祕。天機若然安在內。家活當富貴。天機若然安在外。家活漸退敗。

章解。法將得時得令之星。安合時合局之水。謂之安在內。自有富貴之應。若令星不得其所。謂之安在外。自有退敗之患。在山在水。一同論也。其說是也。天機者。在五運爲戊己。其他各運。一運一入中。以入中之一。代戊己也。二運二入中。以入中之二。代戊己也。餘運類推。由天機而知二十四山。孰陰孰陽。陰逆陽順。一一挨去。遇到山到向。卽爲天機安在內。遇上山下水。卽爲天機安在外。此挨星之用法也。

五星配出九星名。天下任橫行。

五星者。水火木金土是也。坎爲水。離爲火。震巽爲木。乾兌爲金。坤艮爲土是也。九星一貪狼。二巨門。三文曲。四祿存。五廉貞。六武曲。七破軍。八左輔。九右弼是也。此云配出九星名。卽坤壬乙一訣。

干維乾艮巽坤壬。陽順星辰輪。

干。八干也。維。四維也。八干中壬丙甲庚皆屬陽。中之戊亦屬陽。支神亦有屬陽者。如寅申巳亥是。凡遇陽皆順行。五運以元旦盤之陰陽爲陰陽。其他各運。以流行之氣陰陽爲陰陽。此節末一字曰壬。卽舉一反三之意。

支神坎震離兌癸陰卦逆行取。

術士之最可惡者。即此種口吻。八卦每卦三爻。成二十四。此二十四不曰爻而曰山。人人能知二十四山。陰有十二。陽有十二。合之成二十四。而此節與上文二句。曰干曰維。下二句曰支。只提出十字。其他十四字。祕而不露。使學者暗中摸索。害盡世人。不作提要語。使人一見而明。救貧居心之險詐。未有如彼之甚哉。所謂支神。即十二支也。此二句不曰子卯午酉。而曰坎震離兌。學者不察。以爲坎震離兌與子卯午酉異。不知坎父母爲子。震父母爲卯。離父母爲午。兌父母爲酉。則坎震離兌。即子卯午酉也。子卯午酉爲陰。豈知陰者不獨支神。而八干中癸乙丁辛。中宮又有己。支神中又有戌丑辰未。凡遇陰皆逆排。上句末一字綴以癸者。亦舉一反三之意爾。

分定陰陽歸兩路。順逆推排去。知生知死亦知貧。留取教兒孫。
天玉經是否救貧所作。殊不可攷。然究全書可證。爲深知九宮之術者所作。上兩句使讀者知玄空之法。只有一順一逆。其下筆使人懞闇。不知玄空之法。山向星辰。有兩陰者。有兩陽者。有一陰一陽者。若誤讀分定陰陽歸兩路一句。則以爲玄空之法。惟有一陰一陽而已。第四句更陋。章解附錄。謂乾坤艮巽子午卯酉。皆卦之中氣。卦之中氣爲父母。偏傍兩爻爲子息。其說是也。然不肯漏洩訣竅。四正卦入中者爲陽陰陰。四隅卦入中者。爲陰陽陽。此係眞訣也。而最可噱者。如排天盤之中宮飛出乾等句。記二五八之一坎甲午亥以爲心傳者。僞術害世。實蔣氏不顯言之咎。爾總之四維卦入中者。爲陰陽陽。天盤排到五字。卽爲己戊戊。四正卦入中者。爲陽陰陰。天盤排到五字。卽戊己己。讀華湛恩天心正運。則明白如畫矣。

天地父母三般卦。時師未曾話。玄空大卦神仙說。本是此經訣。不說宗枝但亂傳。開口莫胡言。若還不信此經文。但覆古人墳。

本節兩說此經。經即天玉經也。天地即天盤地盤也。父母即元旦盤也。三般卦。即一運以一二三爲三般卦。二運以二三四爲三般卦。三運以三四五爲三般卦是也。四運以下類推。何謂宗。即一運一入中。二運二入中。三運三入中是也。四運以下類推。何謂枝。即一運用子山午向。以天盤飛到子山之某字入中。爲山一片。又以天盤飛到午向之某字入中。爲水一片是也。諸山向類推。蔣注章解俗陋。不可卒讀。

分卻東西兩個卦。會者傳天下。學取仙人經一宗。切莫亂談空。五行山下問來由。入首便知蹤。

分者。分陰陽也。東西者。指山向言也。山在西。向必在東。山在東。向必在西。會者。猶言能得其訣也。入首便知蹤。卽子字出脈子字尋之意。

分定子孫十二位。災禍相連値千災萬禍少人知剋者論宗枝。

二十四山有十二陰。十二陽。每二個陰與二個陽排列整齊。元旦盤如此如一運一入中。則一爲宗矣。流行之氣。與元旦盤異。如二到乾。三到兌。四到艮。五到離。六到坎。七到坤。八到震。九到巽。此二三四五六七八九則爲枝矣。蔣注謂此節直糾時師誤認子孫之害。是也。按時師之誤。呆將二十四山分作十二位。干從支。支從干。二十四山僅以十二位論者。此時師之陋法。殊爲不當。其正訣乃如一運用子山午向。一入中。卽一爲宗。離上挨五。坎上挨六。卽五六爲枝。枝者宜作子孫。解此節言時師不了流行之氣。呆將元旦盤之陰陽爲陰陽。例如二運用乾山巽向。

不知流行之氣。誤以乾巽爲陽。豈知在二運流行之氣。乾巽皆爲陰。陽則上山下水。陰則到山到向。則吉凶判矣。至於災禍者。言除五運以元旦盤陰陽判災福。其他各運。千災萬禍。在流行之氣內。可探得眞消息也。

五行位中出一位。仔細祕中記。假如來龍骨不眞。從此誤千人。

此言出卦兼向也。出位。如子兼癸。癸兼子。癸兼丑之類是也。子兼癸。癸兼子。則位雖出而卦不出。癸兼丑則出卦。所謂子字出脈子字尋。言天元龍之來脈結穴。必爲天元龍。地人二元同推。然有一種地穴。其來脈天人兩字同出。或人天兩字同出。或人地兩字同出。雖山水錯雜。得其時。可以補救。補救之法。卽替卦是也。章解云。所謂不眞者。非龍脈石骨水口種種之不眞。是挨星訣之眞不眞也。如不得眞訣。所誤豈止千人而已哉。其說是也。

一個排來千百個。莫把星辰錯。龍要合向向合水。水合三吉位。合祿合馬合官星。本卦生旺尋。合凶合吉合祥瑞。何法能趨避。但看太歲是何神。立地見分明。成敗定斷何公位。三合年中是。

玄空之法。重在挨排。故曰排。排始於一個。一個者。卽入中之一個也。千百個者。形容挨排縱橫顛倒。流轉變化也。龍合向。言龍與向須皆得生旺之氣。向合水。向雖得生旺之氣。更有水放光。尤吉。或向首無水放光。而旁兩宮有三吉之水。亦吉。祿馬官星吉凶祥瑞。太歲三合。均指諏吉言。龍向水皆合生旺。然後諏吉。方有應驗。蔣注章解皮膚溫解較切。

排星仔細看五行。看自何卦生。來山八卦不知蹤。八卦九星空。順逆排來各不同。天卦在其中。

此六句陳陳相因。令人頭痛。何卦生。卽指入中係何卦。蹤指陰陽言也。
遇陰者逆排。遇陽者順排。不知排法。八卦九星皆空。能知排法。八卦九
星皆不空。天卦在中。卽天心之一卦在中也。
甲庚丙壬俱屬陽。順推五行詳。乙辛丁癸俱屬陰。逆推論五行。陰陽順逆
不同途。須向此中求。九星雙起雌雄異。玄關眞妙處。
此八句。雖承上文順逆排來四字而言。舉甲庚丙壬爲陽須順排。乙辛
丁癸爲陰須逆排。與上文干維乾艮巽坤壬。陽順星辰輪。支神坎震離
兌癸。陰卦逆行取。實是一意。今分爲二。且相隔又遠。幷以子午卯酉爲
坎離震兌。令人誤入歧途。而有歧之又歧之慨。如紀大奎。端木國瑚。孫
星衍。張惠言輩。讀救貧之書。雖好學深思。不能明其正理。此無他。救貧
未言其訣。使學者不解耳。此節陽詳叶。陰行叶。異處叶。途求不叶。兩字

中定有一誤字。蔣注九星雙起雌雄異。謂每卦之中。皆有一雌一雄。雙雙起之法。其說含混。玄空之法。下卦與起星。絕對分爲二事。下卦謂之直達。起星謂之補救。蔣注不足爲訓。上六句言下卦。下二句言起星。讀者當辨明之。

東西二卦眞神異。須知本向水。本向本水四神奇。代代着緋衣。

東西二卦。卽指山一盤。向一盤也。然向一盤。向首尤宜有水。到向到水之地。無非平善而已。故重言向水。若有水則生旺更足。四神者。向上有二神。卽向與天盤之一字是也。若有水。水上亦有兩神。卽水與天盤之一字是也。總之向上有水。向上玄竅相通。所謂四神。語不雅馴。亦是江湖術士。欺人口吻。

水流出卦有何全。一代作官員。一折一代爲官祿。二折二代福。三折父母共長流。馬上錦衣遊。馬上斬頭水出卦。一代爲官罷。直山直水去無翻。場務小官班。

向上有水。功用如此。承上文本向本水言也。其功用在不入囚。然須視水勢若何。總以有情爲主。如立午向。而流神在非同元之巳辰兩方。即作出卦論。若在巽字。雖出卦而同元。有時可作城門用。有時可作三星五吉用也。餘類推。三折父母共長流。父母指一卦言。水雖曲折。仍在父母之中。兩旁子息。雖見水光。得父母蔭庇。不能作非同元而去之。若以午向論。屈曲處逢未逢巳等字。水光特大。即作出卦論也。

內傳下

乾山乾向水朝乾。乾峯出狀元。卯山卯向迎源水。驟富石崇比。午山午向午來堂。大將値邊疆。坤山坤向水坤流。富貴永無休。

此言到山到向之局。而向上又有水。龍向水三者。皆得生旺。章解云。然非坐水之說。其訣可以一語破者。向上水上之星。卽山上之星也。其說允乾卯午坤。指四正卦天元言。然須到山到向水得零神。四孟之地元。四仲之人元。亦可類推。乾山乾向卯山卯向坤山坤向。皆可挨排得之。惟午山午向則無其局。於是可知乾卯午坤。係一代名詞爾。只要旺星到山。旺星到向。向上又有水。是謂乾山乾向水朝乾是也。乾山乾向水朝乾。以零神論。六運之乾山巽向是。卯山卯向迎源水。七運之酉山卯向是。用替卦。三運之子山午向兼壬丙或兼癸丁亦是卯山卯向卯源水。因離上天盤爲七。七爲三之零神也。餘類推。

辨得陰陽兩路行。五星要分明。泥鰍浪裏跳龍門。渤海便翻身。

陰陽兩路行。五星要分明。此種字句。與上意複。兩路行。卽山一片向一片是也。不分明五星。焉能知陰逆陽順。泥鰍至賤之物。萬不能跳龍門。鰍至賤之物也。龍至貴之物也。鰍如龍。至賤而至極貴者也。如勾搭小地。倘到山到向。向上有水。與至貴之龍相同。苟大地而山向遇上山下水。雖龍亦只可作鰍論也。如何能渤海反身。

依得四神爲第一。官職無休息。穴中八卦要知情。穴內卦裝清。

富與貴。是人之所欲也。然不能勉强。欲富者不必能貴。欲貴者不必能富。欲富與貴。視挨排所得星辰何如。四神卽向二神。水二神。如遇一四同宮。則功名可卜。土制水復生金。則田莊日隆。不容絲毫假借者也。若穴內得一四同宮。則主功名。若一二與六同宮。則發田莊。能裝清一卦。自然有根據矣。

要求富貴三般卦。出卦家貧乏。寅申巳亥水來長。五行向中藏。辰戌丑未叩金龍。動得永不窮。若還借庫富後貧。自庫樂長春。

此節蔣注章解完全錯誤。溫解有可采語。然亦未能義嚴辭正。三般注已見前。可不贅。如一運立向。排水處有一二三之三般卦。有水渟蓄。則富貴可期。故曰要求富貴三般卦也。若出三般卦之外。則水無用。故曰出卦家貧乏也。倘立天元龍之向。而三般卦之水。在寅申巳亥人元中。或辰戌丑未地元中。即嫌差錯。世俗以寅申巳亥爲四長生水。辰戌丑未爲四庫水。皆誤也。借庫指城門言。自庫指向上有水。或排水與運星合三般卦內者。均謂之庫。並非以辰戌丑未四墓庫爲庫也。

大都星起何方是。五行長生旺。大旆相對起。高岡職位在學堂。捍門官國華表起。山水亦同例。水秀峯奇出大官。四位一般看。

四位者。即四神也。此言排水排山。前後左右之形局。處處須與理氣相合是也。

坎離水火中天過。龍墀移帝座。

此下八句。乃五入中逆數也。坎水離火。本離南坎北。逢逆數。則坎移南。離移北矣。中天。卽中五也。龍墀。子也。帝座。午也。子午易位。故曰龍墀移帝座。

寶蓋鳳闕四維朝。寶殿登龍樓。

此言四維也。乾巽坤艮爲四維。寶蓋。坤也。鳳闕。艮也。寶殿。巽也。龍樓。乾也。寶殿而登龍樓。寶蓋而朝鳳闕。卽巽居乾位。坤居艮位也。

罡刼弔殺休犯著。四墓多銷鑠。

罡刼弔殺。卽辰戌丑未也。謂之四墓。辰爲天罡。戌爲天刼。丑爲天弔。未爲天殺。逆數戌居辰位。未居丑位。罡刼弔殺。其名似凶。然用之得時。亦作吉星論。學者不可拘泥。此二句上下文氣不貫。休犯着多銷鑠。此六字。疑後人以四墓任意妄改。爾以上下文移朝登裝藏五字證之。卽知其誤。且第三四兩句朝樓兩字不叶。亦有一誤字。

金枝玉葉四孟裝。金廂玉印藏。

四孟者。寅正月爲孟春。巳四月爲孟夏。申七月爲孟秋。亥十月爲孟冬也。與一卦三山孟仲季有別。術人之書名詞不獨不肯劃一。且喜巧立名目。使人混亂。反爲得計。金枝巳也。玉葉亥也。金枝而裝在玉葉之上卽巳亥易位。金廂寅也。玉印申也。金廂而藏在玉印之方。卽寅申易位。

帝釋一神定縣府。紫微同八武。倒排父母養龍神。富貴萬餘青。

帝釋。丙也。八武。壬也。紫微。亥也。壬爲一。亥爲六。卽一六同宮。紫微同八武是也。帝釋一神。卽丙向也。此局爲壬山丙向。今紫微同用。爲壬丙兼亥巳也。六運用此向。排山則八武在乾。紫微到山。排水則八武在巽。紫微到向。倘向上有水。則貴之極矣。

識得父母三般卦。便是眞神路。北斗七星去打刼。離宮要相合。

此言父母三般卦。與三般卦有別。父母三般卦。卽經四位起父母是坎至巽。巽至兌。兌至坎。顚倒顚之三般。章解是也。其數爲一四七。爲二五八。爲三六九。如一運一入中。坎之天盤爲六。與中一。一六共宗也。巽方爲九。兌方爲三。卽三六九也。如二運二入中。坎之天盤爲七。與中二。二七同道也。巽方爲一。兌方爲四。卽一四七也。三運三入中。坎之天盤爲八。與中三。三八爲朋也。巽方爲二。兌方爲五。卽二五八也。餘類推。然章氏所解者爲天盤。故取乾巽兌三方。若以向首論之。一運子山午向。向上飛星。離宮爲一。乾宮爲四。震宮爲七。卽一四七也。眞爲眞假之眞。神以一運而論。向上之一。卽神也。路。卽二十四路也。北斗七星指坎言。以坎去離。而向首之飛星。必與坎宮合十。或生成。故曰相合。打刼之法。遠不如到山到向。一九兩運。無到山到向者。用之可也。

子午卯酉四龍岡。作祖人財旺。水長百里佐君王。水短便遭傷。

此言四正之卦。既云子午卯酉。則乾巽艮坤。可推類及之也。總之天元龍較人地兩元爲旺。因天元爲父母。人地爲子息。父母涵蓄較子息爲厚。及其休咎。亦較子息爲甚。然龍亦須天元出脈。方合作祖者。卽起祖也。而向上之水。能長尤佳。言長短者。包括大小之意。

識得陰陽兩路行。富貴達京城。不識陰陽兩路行。萬丈火坑深。

陰陽兩路。卽陽順陰逆。兩路皆逆。則到山到向富貴之局也。兩路皆順。則上山下水。火坑之災也。一順一逆。須視堂局如何。此節前已言之意複。

前兼龍神前兼向。聯珠莫相放。後兼龍神後兼向。排定陰陽算。明得零神與正神。指日入青雲。不識零神與正神。代代絕除根。

蔣注。不足為訓。章解前兼後兼。卽顧前顧後之意。前兼者。向上排龍也。向上既得生旺。排到來山。又生來山之生旺。此謂之前兼。後兼者山上排龍也。山上既得生旺。排到向首。又生向首之生旺。此謂之後兼。其說允零正上已言之。可不贅。惟章解以前後零正及陰陽幷為一談。立說又欠嚴正。

倒排父母是眞龍。子息達天聽。順排父母倒子息。代代人財退。

一卦純清。山水均逆。到山到向。故曰倒排父母是眞龍也。上子息非人元龍地元龍為子息。乃後人之意。子息達天聽。言後人發祥之意。下子息。指地元龍也。若天兼地。天順地逆。此卦氣錯差。又爲上山下水。則代代人財退矣。

一龍宮中水便行。子息受艱辛。四三二一龍逆去。四子均榮貴。龍行位遠主離鄉。四位發經商。

此言向上之水也。一龍之一字。與四位之四字。絕對與四三二一之四一兩字不同。不可混看。向上之水一折便去。即上文水短便遭傷是也。四三二一。即逆排。故曰龍逆去。非水之逆流而去也。在一運有水處而排得一二三四之水。則房房齊發。位遠蔣注以爲出卦是也。近水雖出卦。略遠又歸本卦。主子孫經商致富而歸。四位即同元之謂。因如天元卦之水。爲午向而水隔四位在辰。或隔四卦在申。午天元也。辰地元也。申人元也。此水卦氣不淸。故主離鄉之患。若午向之水。雖一卦澄淸而遠在乾字卯字。則主經商致富。餘類推。

時師不識挨星學。只作天心摸。東邊財穀引歸西。北到南方推。老龍終日臥山中。何嘗不易逢。止是自家眼不的。亂把山岡覓。

東引西歸。北到南推。在五運東西南北方有一定之方位。其他各運因入中不同。以流行之氣言。東反在西。西卻在東。南反居北。北卻在南。又有四正之卦。而居四隅之位。四隅之卦。而居四正之位。天心一變。星移物換。識得此玄關。則信手拈來。均成吉地。

世人不知天機祕。洩破有何益。汝今傳得地中仙。玄空妙難言。翻天倒地更玄玄。大卦不易傳。

天機。卽戊己也。戊己居中。故曰天機。言不知其天機。亦不能讀此書。一洩破。卽可作地中仙。玄玄。老子云。玄之又玄是也。

更有收山出煞訣。亦兼爲汝說。

曰更有。是更有一訣也。此句何等重要。蔣注章解。不敢輕洩。溫解略洩一二。亦未能切實。都天寶照經。天機妙訣本不同。八卦只有一卦通章。蔣注云。俗師不得此訣。妄立五行。有從四墓上起天罡。以爲放水出煞之用。如何合得八卦之理。夫收得山來。乃出得煞去。不知一卦作用。山既無從收。一卦不收。諸卦干支。又何從流轉九星。求純棄駁。而消水出煞乎。今人但知二十四山。處處可出官貴。處處可旺田莊。處處可出神童。而不知二十四。但水路交馳。果下何卦。收何山。乃消得此水。出得煞去。夫既不能收山出煞。則其談八卦。論干支。皆胡言妄說而已。蔣注於此不予漏洩一二。而於不相干之天機妙訣本不同一章。慨乎言之。其實亦浮光掠影之談。盡聲東擊西之能事矣。其實收山出煞。即零正二字。不知零正。卽不知收煞。巧立名目。使人歧路又歧。救貧之罪。實不容誅也。

相逢大地能幾人。個個是知心。若還求地不種德。穩口深藏舌。

大地正多。能知卦理。卽可求得之。知心者卽知天心也。余至三湘。見江浙縣令之地。彼地可出督撫。佐貳之地。可出藩臬。生員之地。可出道府。何也。正得其時故也。至求地須求德。實江湖術士一竅不通者之說也。余以爲有濟世之心者。爲巨盜劇賊之父母葬地。亦當擇吉地而厝之。使變爲善人。變爲聖賢。孔子之弟子顏濁聚。卽大盜也。何以孔子能敎之誨之。以此例之。則福人葬福地。是庸師之欺人語也。

楊純三　初校

申聽禪　覆校

地理辨正抉要

錢塘沈紹勳竹礽著

都天寶照經

都天。即戊己也。寶照二字。出道家之寶籙。鄭畋詩。三元寶籙鏡寶照者。言如鏡可照。明白之意也。蔣注以爲楊筠松所著誤也。開口即言楊公。天下無著書人自稱公之理。則非救貧所作可知。楊公下又言妙應。妙應姓黃。相傳爲朱溫軍師。或云即黃巢兵敗後爲僧居奉化雪竇寺。世所稱爲黃禪師是也。奉化志云。巢墓雪竇含珠林。四明山志以常通禪師爲巢。書言楊公妙訣無多說。因見黃公心性拙。是黃爲救貧弟子。可無疑義。則著此書者。爲救貧再傳弟子矣。

上篇

楊公妙應不多言。實實作家傳。人生禍福由天定。賢達能安命。貧賤安墳富貴興。全憑龍穴眞。龍在山中不出山。掛在大山間。若是砂曲星辰正。收得陽神定。斷然一葬便興隆。父發子傳榮。

楊公。卽救貧。有云此書爲救貧作。救貧自稱曰公。萬無此理。妙應。或作妙訣誤也。妙應卽黃禪師名也。實實作家傳。言無一句不實無一訣不實。故曰實實。此三四兩句。理悖已由天定。何必再盡人力。其言不足爲訓。蔣注章解。以老龍作巒頭。溫解謂理氣中中五立極之所。謂之老龍。由中五順逆顚倒二十四龍。是謂龍在山中不出山。掛在大山間也。溫說允。凡地星體端正。形局團聚。用法得宜。則元神處處體用相合。故曰收得陽神定。陽神。卽元神也。

好龍脫刼出平洋。百十里來長。離祖離宗星辰出。此是眞龍骨。前途節節出兒孫。文武脈中分。直見大溪方住手。諸山皆不走。個個回頭向穴前。城郭要周完。水口亂石堆水中。此地出豪雄。若得遠來龍脫刧。發福無休歇。穴見陽神三摺朝。此地出官僚。不問三男并五子。富貴房房起。津湖溪澗同此看。衣祿榮華斷。大水大河齊到處。千里來龍住。水口羅星鎖住門。似大將屯軍。一本作一似大將屯萬軍。係妄人妄增。落頭定有一星形。非火土即金。正脈落平三五里。見水方能止。二水相交不用砂。只要石如麻。更看硤石高山鎖。密密來包裹。此是軍州大地形。細說與君聽。

此言軍州之結作。以擬穴地。諸家注解均誤。作者以此引起下文天下軍州總住空也。

天下軍州總住空。何曾撐著後頭龍。只向水神朝處取。莫說後無主立穴動靜中間求。須看龍到頭。

軍州。唐時屯軍之處曰軍。治民者曰州。今直隸廳同知謂之軍民府。沿唐制。惟名不副實爾。青囊序奧語天玉經。重在到山到向及城門打刧諸法。此以軍州爲例。取坐空朝滿之地也。住空者。卽後坐空也。故曰何曾撐著後頭龍也。第三句向字。非子山午向之向。說文。向北出牖也。北出牖卽向南之謂。此向字。係趨之意。只向水神朝處。取蔣注謂但取水神朝繞。便爲眞龍憩息之鄉。然萬不可拘疑。前面有水。而無後頭龍者。倘挨排時令星到山到向。須後築羅城。否則人丁不旺。如雙星會合於向首。則不必築羅城也。前面無水。而坐後有水。而後高者。宜於雙星會合坐山方合局也。坐後有水。前有高山高田者。則上山下水。亦可用之。其中用法。須視形局若何。故曰立穴動靜中間求。所謂動靜者。抉要言之。卽到山到向。雙星會合於向首。雙星會合於坐山。上山下水是也。章解。動靜二字。其說有三。一。山形水勢有陰陽動靜之分。一。干支卦位有陰陽動靜之分。一。天主動。地主靜。天地有陰陽動靜之分。立說甚嚴。學者將山一片水一片。分析清楚。自然能知動靜之理。龍到頭。章解謂所云到頭者。非山之到頭。又非水之到頭。正謂玄空生旺到水。謂之到頭也。此到頭二字。乃空龍之妙訣。當默默識之。章氏釋到頭訣頗精。然恐學者猶未明也。乃更申明之。所謂到頭者。將當令之旺星安在水上。如一運水上排龍。一之旺星所臨之處有水。二運水上排龍。二之旺星所臨之處有水是也。餘類推。

楊公妙訣無多說。因見黃公心性拙。全憑掌上起星辰。類聚裝成爲妙訣。

大山喚作破軍體。五星所聚脈難分。但看出身一路脈。到頭要分水土金。

又從分水脈脊處。便把羅經照出路。節節同行過峽眞。前去必定有好處。

子字出脈子字尋。莫教差錯丑與壬。莫是陽差與陰錯。勸君不必費心尋。
尋地須先尋脈。脈不眞則穴不的。蔣注以爲自此章以下。皆楊公平洋祕訣。未免拘迂。因山龍重出脈。平洋亦重出脈。此節概論出脈。何曾有山龍平洋之別。來脈須歸一氣。故曰但看出身一路脈。又曰。節節同行過峽眞者也。然出身過峽。不可駁雜。故曰到頭要分水土金者也。蔣注此節多欺人語。惟末云子字以下。乃直指看龍訣法。而舉坎卦一卦爲例。若出脈是子字。須行龍只在子字一宮之內。乃爲卦氣淸純。如偏于左。而癸與丑雜。是子癸一卦而丑字又犯一卦也。如偏于右而壬與亥雜。是壬子一卦。而亥又犯一卦也。此爲卦中之陽差陰錯。非全美之地。故云不必費心尋也。惟正文無亥字丑字。蔣注遽加此兩字於正文。不合。且壬子已犯差錯矣。榮錫勳辨正翼其學多舛錯。因源出辨正小補。

故全書實無眞詮。惟此節頗有見地。其言曰。子字出脈以下。乃教人認龍審脈之法。楊公本旨。明明借子癸以明夫婦同宗。左不可以偏丑。右不可以偏壬。蓋丑有丑之卦氣。壬有壬之卦氣故也。蔣注此處添雜以亥字。恐係過求深曲之誤。若如此解。何不曰莫教差錯丑與亥。況下篇有子癸爲吉壬子凶一語。顯然指出子癸同爲一脈。若壬子則有差錯之患。今反謂壬子爲一卦。而亥字又犯一卦。豈不與本文相矛盾乎。榮說可采。

子癸午丁天元宮。卯乙酉辛一路同。若有山水一同到。半穴乾坤艮巽宮。取得輔星成五吉。山中有此是眞龍。

何謂天元。取天開於子也。如子午卯酉乾坤艮巽天元龍也。癸丁乙辛。人元龍也。今子雜以癸。午雜以丁。卯雜以乙。酉雜以辛。此言子癸午丁天元宮者。言子午天元宮中。其來脈出峽處。干兼支出。如子字與癸字一同出脈。如午字與丁字一同出脈。子午之天元宮中有癸丁之人元雜氣是也。下句卯乙酉辛一路同。其義可以類推。第三句若有山水一同到者。言山之來脈。支兼干出。如出脈爲子爲癸是也。向上之水。亦支兼干到。如向上之水。爲午爲丁是也。故曰一同到。子午卯酉指十道。乾坤艮巽爲四隅。半穴者。言天元兼人元。非正向。山水既雜。當用兼向。子兼癸。午兼丁。卯兼乙。酉兼辛。乾兼亥。坤兼申。艮兼寅。巽兼巳。半穴也。輔星五吉。蔣注謂末二句輔星五吉。指天元宮最親者言。其說允。又云輔星卽是九星中。左輔右弼。其說野。蓋兼向用坤壬乙一訣。其輔星當取隨時而在之輔星。不能指定爲左輔右弼也。惟兼向排法。與下卦不同。挨排須注意。此言天可兼人。

辰戌丑未地元龍。乾坤艮巽夫婦宗。甲庚壬丙爲正向。脈取貪狼護正龍。
何謂地元龍。取地闢於丑也。如辰戌丑未。與甲庚壬丙爲地元龍。乾坤
艮巽爲天元龍。若辰雜以巽。戌雜以乾。丑雜以艮。未雜以坤。擬議乾坤
艮巽爲夫。辰戌丑未爲婦也。一陰一陽。亦可配合。第三句甲庚壬丙爲
正向。溫解謂甲庚壬丙之向。要玄空排於辰戌丑未之上。故曰正向。其
說較蔣注章解爲勝。然猶未盡善也。辰戌丑未爲陰。從乾巽艮坤之陽。
陽夫陰婦。故曰夫婦宗。至甲庚丙壬爲陽。配卯酉午子之陰。則甲庚丙
壬爲夫。卯酉午子爲婦矣。是甲庚壬丙。可兼卯酉午子。故曰正向。第四
句以貪狼護正龍。蓋取貪狼可。取武曲亦可。取右弼亦可。取五吉亦可。
因下卦起星起例雖有不同。而三星五吉仍同。挨到如何吉凶方是如
何。萬不可拘執也。此言地可兼天。

寅申巳亥人元來。乙辛丁癸水來催。更取貪狼成五吉。寅坤申艮御門開。

巳丙宜向天門上。亥壬向得巽風吹。

何謂人元龍。取人生於寅也。如寅申巳亥。乙辛丁癸爲人元龍。人元來。言來脈也。水來催。言催照之水也。寅坤卽人兼天。申艮亦係人兼天。御門。卽御街見也。此言人兼天之向。宜視向水之字若何。如向水係人兼天。則用人兼天之向。故曰御門開。末二句言人元可出卦兼地元也。巳丙宜向天門上。巳屬巽。丙屬離。天門乾也。此一句言巳兼丙之山可向乾也。亥壬向得巽風吹。亥屬乾。壬屬坎。巽爲風。故曰巽風。此一句言亥兼壬之山。可向巽也。由此觀之。是巽可兼離。卽壬丙兼亥巳也。乾可兼坎。丙壬兼巳亥也。是爲出卦兼向之例。然出卦兼向之地。只有六運之壬丙丙壬左兼右兼。則爲到山到向。方合補救之法。

貪狼原來發來遲。坐向穴中人未知。立宅安墳過兩紀。方生貴子好男兒。

蔣注。貪狼諸卦之統領。得氣先而施力遠。何云發遲。此言人地兩元兼收之脈。不當正卦。傍他涵蓄。故力不專。是以遲也。其說允章溫兩解反拘。汪總之兼向之地。脈取兼收。其氣不專。不獨貪狼發遲。他星皆然。必待向首得生旺之扶助。然後勃興。言貪狼者。不過舉一反三之意爾。

立宅安墳要合龍。不須擬對好奇峯。主人有禮客尊重。客在西兮主在東。

此言山龍眞結。必須先合坐山。再合來脈。如龍脈爲天元龍。則以天元之向葬之。爲人元龍。則以人元之向葬之。爲地元龍。則以地元龍之向葬之。則一卦澄清。有吉無凶。若龍脈不純。則以坤壬乙訣立向。切不可視前面有奇峯。向卽擬對之。或硬湊玄空旺運之向。與形局全反。斯謬矣。天玉經曰。龍要合向。向合水。可知其旨。則主客相投。一氣連貫矣。主指龍。客指向。

中篇

天下軍州總住空。何須撑著後來龍。時人不識玄機訣。只道後頭少撑龍。
大凡軍州住空龍。便與平洋墓宅同。州縣人家住空龍。千軍萬馬悉能容。
分明見者猶疑慮。龍不空時氣不空。教君看取州縣場。盡是空龍撥擺蹤。
莫嫌遠來無後龍。龍若空時非活龍。兩水界龍連生窟。穴得水兮何畏風。
但看古來卿相地。平洋一穴勝千峯。

此節重言坐空朝滿之地。以軍州例之。凡軍州所在之地。皆大都龍空氣空。龍氣空則局面闊大。蔣注所謂空則水活而氣來融結。實則障蔽。而生氣阻塞。是也。不獨軍州如是。卽村落亦然。空則所包者廣。則生聚易。實則跬步皆山。地瘠民貧。則生聚難矣。然平洋一水直流。而無屈曲環抱支流紛汊者。所占面積過大。而氣亦不聚。卽村落亦不能成。更不能成軍州矣。故龍空尤須氣聚。此曰空得水兮何畏風。得字須重讀之。不可忽諸。然亦不可拘執空字。以爲安墳立宅。以空爲主。須要以令星爲主。挨排到空宜空。挨排到實宜實也。如空處反實。卽爲上山。實處反空。卽爲下水矣。

子午卯酉四山龍。坐對乾坤艮巽宮。莫依八卦陰陽取。陰陽差錯敗無窮。百二十家渺無訣。此訣玄機大祖宗。來龍須要望龍穴。後若空時必有功。帝座帝車竝帝位。帝宮帝殿後當空。萬代侯王皆禁斷。予今隱出在江東。陰陽若能得遇此。蚯蚓逢之便化龍。

子午卯酉四山。萬不能坐對乾坤艮巽。今反曰坐對乾坤艮巽者。此坐與對。指五運外各運之天盤言也。故下二句云。莫依八卦陰陽取。陰陽

差錯敗無窮是也。其所謂八卦者。指五運之元旦盤也。莫依八卦陰陽
取者。指一二三四六七八九諸運。不可以元旦盤之陰陽爲陰陽。而以
天盤流行之氣之陰陽爲陰陽也。如二運午向午上挨六。午係乾氣。三
運午上挨七。午係酉氣。四運午上挨八。午係艮氣。六運午上挨一。午係
子氣。七運午上挨二。午係坤氣。八運午上挨三。午係卯氣。九運午上挨
四。午係巽氣。此所謂坐對乾坤艮巽宮。坐字放此。子卯酉諸字亦可放
此。此章注天玉經關天關地定雌雄一節云。翻倒。是言陰可作陽。陽可作
陰。陰不是陰。陽不是陽。與此節可互參之。此言莫依八卦陰陽取。言八
卦之陰陽有一定。而流行之氣之陰陽。則陰可作陽。陽可作陰。陰不是
陰。陽不是陽。若拘泥於八卦之陰陽。則犯差錯之病。百二十家。見舊唐
書呂才傳。說雖多。均不得訣。惟此坐對配合。方爲眞訣。予今隱出在江

東一句。蔣注。或云楊公得道之後。韜光晦跡。背其鄉井。隱於江東。侯考。

此承上文萬代侯王皆禁斷而來。若以或云之言證之。不獨文氣不貫。而其理更謬矣。是言予今示隱其訣。惟江東一卦而已。若能知江東一卦。其法至貴。學者遇此而知之。雖蚯蚓亦化爲龍矣。

子午卯酉四山龍。支兼干出最豪雄。乙辛丁癸單行脈。半吉之時又半凶。坐向乾坤艮巽位。兼輔而成五吉龍。

此言天元龍。可兼人元龍也。子午卯酉爲天元龍支也。乙辛丁癸爲人元龍干也。天元龍兼人元龍。卽子兼癸。午兼丁。卯兼乙。酉兼辛是也。上句云子午卯酉。下句宜云癸丁乙辛。今曰乙辛丁癸。故亂之以蒙人爾。單行脈者。蔣注謂乙辛丁癸。雖屬單行。未免少偏。卽犯他卦。所以吉凶參半也。其說允。犯他卦者。卽出卦之謂也。出卦者凶多而吉少。若子午卯酉。兼癸丁乙辛。則支兼干矣。第五句言坐卽坐山也。向卽向首也。子午卯酉。癸丁乙辛八者。如何能兼乾坤艮巽。非指元旦盤呆板之方位。能知流行之氣。則子午卯酉。坐向能得乾坤艮巽之理。不難知之矣。如子午卯酉。雖流行之故。而坐向可對乾坤艮巽之位。往往不能成五吉之龍。反因兼癸丁乙辛。而成五吉之龍。故曰兼輔而成五吉龍也。

辰戌丑未四山坡。甲庚丙壬葬墳多。若依此理無差謬。淸貴聲名天下無。爲官自有起身路。兒孫白屋出登科。八卦不是眞妙訣。時師休把口中歌。敗絕只因用卦差。何見依卦出高官。陰山陽水皆眞吉。下後兒孫禍百端。水若朝來須得水。莫貪遠秀好峯巒。審龍若依圖訣葬。官職榮華立可觀。

此言地元龍也。辰戌丑未與甲庚壬丙皆地元龍。地元龍左不能兼人。右不能兼天。其八神中。辰戌丑未所臨者。均可葬墳。甲庚壬丙所臨者。

葬墳雖多。均凶而不吉。能知辰戌丑未加臨甲庚壬丙之位。葬之方合。第三句至第六句之徵兆。因辰戌丑未陰也。陰逆行。逆則到山到向。與甲庚壬丙加臨不同。甲庚壬丙陽也。陽順行。順則上山下水。故第七句。特表而出之曰。八卦不是眞妙訣。因八卦者。係元旦盤呆板之八卦。與九宮流行之氣不同。九宮者。因流行之故。陰不是陰。陽不是陽。陰可作陽。陽可作陰。着重於隨氣變易之陰陽。與八卦不易之陰陽。大有別也。第九句。言用卦差。指九宮遇陰逆行。遇陽順行。辰戌丑未本爲陰。倘流行之氣。遇甲庚壬丙之陽。當順行矣。甲庚壬丙本爲陽。倘流行之氣。遇辰戌丑未之陰。當逆行矣。第十一句。闢世俗陰山陽水之謬。第十三句與十四句。言朝山不及朝水之美。得水者。即天玉經所謂龍要合向向合水是也。能向合水。方得謂之得水。此節章解頗佳。惜非初學者可能領會爾。

玄機妙訣有因由。向指山峯細細求。起造安墳依此訣。能令發福出公侯。

眞向支山尋祖脈。干神下穴永無憂。寅申巳亥騎龍走。乙辛丁癸水交流。

若有此山并此水。白屋科名發不休。昔日孫鍾遷此穴。從此聲名表萬秋。

此節言人元龍也。寅申巳亥與乙辛丁癸爲人元龍。寅申巳亥陽也。陽順行遇之。卽上山下水。不能起造安墳。故曰寅申巳亥隨龍走。隨龍走者。去而不留之意。寅申巳亥支也。故曰眞向支山尋祖脈。乙辛丁癸陰也。陰逆行。遇之。卽到山到向。方能起造安墳。故曰乙辛丁癸水交流。水交流者。含蓄不盡之意。乙辛丁癸干也。故曰乙辛丁癸水交流。然寅申巳亥與乙辛丁癸。非元旦盤也。指流行之氣而言。若有此山并此水一句。言寅申巳亥之局。倘能挨排得乙辛丁癸諸字。則山與水。旺星皆到。

何愁不發。孫鍾葬父地。在浙江富陽縣。係人元龍。借來脈高峻。朝山係黃山發脈。宗派不同。此其疵也。救貧未至浙境。則此書非救貧所作。可證。

來龍須看坐正穴。後若空時必有功。州縣官衙爲格局。必然清顯立威雄。

范蠡蕭何韓信祖。乙辛丁癸財足豐。亥壬聳龍興祖格。巳丙旺相一般同。

寅申巳亥等五吉。乙辛丁癸四位通。紫緋晝錦何榮顯。三牲五鼎受王封。

龍回朝祖玄字水。科名榜眼及神童。後空已見前篇訣。穴要窩鉗脈到宮。

試看州衙及臺閣。那個靠著後來龍。砂揖水朝爲上格。羅城擁衛穴居中。

依圖取向無差誤。不是王侯即相公。

此節文氣雜亂。語無倫次。如州縣官衙爲格局。又云試看州衙及臺閣。語意重複。如後若空時必有功。又云那個靠著後來龍。意亦複細讀之。

知第七句至第十句。係此節正文。餘則妄人竄入爾。曰亥壬。曰巳丙。一句言龍。一句言向。言人元龍兼地元龍。卽出卦兼向也。寅申巳亥與乙辛丁癸爲人元龍。然均須從流行之氣而言。若淺人不察。以爲元旦盤之寅申巳亥與乙辛丁癸。則誤矣。此節文最謬者。爲范蠡蕭何韓信祖句。范蠡蕭何其祖墓不可考。至韓信史記載其葬母事。然信及身而夷三族。其地亦不足貴。直癡人說夢爾。上言審龍若依圖訣。此又言依圖取向無差誤。是當時有圖可知。惜圖訣今已佚矣。

天機妙訣本不同。八卦只有一卦通。乾坤艮巽躔何位。乙辛丁癸落何宮。甲庚壬丙來何地。星辰流轉要相逢。莫把天罡稱妙訣。錯將八卦作先宗。乾坤艮巽出官貴。乙辛丁癸田莊位。甲庚壬丙最爲榮。下後兒孫出神童。未審何山消此水。合得天心造化工。

蔣注。一部寶照經。不下數千言。皆半含半吐。至此忽然漏洩。蔣說如此。然淺人不察。於此一節。誤解更多。總之八卦之用。與九宮有別。所謂一卦者。卽天心正運之一卦。能知一卦流行之氣。然後九宮之法。瞭然如畫。乾坤艮巽四者。本在四隅之位。今曰躔何位。則乾巽艮坤流行於他宮矣。乙辛丁癸四者。本在震兌離坎之位。今曰落何宮。則乙辛丁癸流行於他宮矣。甲庚壬丙。本亦在震兌坎離之位。今曰來何地。則甲庚壬丙流行於他宮矣。故特表而出之曰。星辰流轉要相逢。所謂天機妙訣。無非星辰流轉而已。如一運一入中。二運二入中。三運三入中之類。再將入中之字。飛布八國。卽謂之星辰流轉。其法與四墓起天罡左旋右轉。以爲放水出殺之用。謂乾坤艮巽可出官貴。乙辛丁癸可旺田莊。甲庚壬丙。可出神童。大不相同。能知躔在何位。落在何宮。來自何地。其星辰或陰或陽陽順陰逆。排山有山。排水有水。則消水收山。自然瞭如指掌者矣。總之收山者收得生旺之氣而已。出煞者避去衰死之氣而已。在一運以一爲旺星。二爲未來氣。九爲衰氣。八爲死氣是也。此節天元龍。舉乾坤艮巽以概子午卯酉。人元龍舉乙辛丁癸以概寅申巳亥。地元龍舉甲庚壬丙以概辰戌丑未。

五星一訣非眞術。城門一訣最爲良。識得五星城門訣。立宅安墳大吉昌。

堪笑庸愚多慕此。妄將卦例定陰陽。不向龍身觀出脈。又從砂水斷災祥。

筠松寶照眞祕訣。父子雖親不肯說。若人得遇是前緣。天下橫行陸地仙。

五星一訣。上節已言之矣。此言五星一訣非眞術者。因五星之外。尚有城門一訣。城門訣前已言之。第三句言識得五星一訣。城門一訣。此句須要分明。不可以五星城門幷爲一談也。第五句至第八句言庸愚亦知五星城門二訣。不過未得其訣。妄將卦例之陰陽。以砂水斷災祥。自以爲得五星之訣。城門之訣。謬甚。第九句至十二句。係術士之談。

世人只愛週迴好。不知水亂山顛倒。時師但云講八卦。却把陰陽分兩下。陰山只用陽水朝。陰水只用陽山收。俗夫不知天機妙。一本作秘。誤。自把山龍錯顛倒。胡行亂作害世人。福未到時禍先到。

週迴好。指巒頭形局完美也。形局既完美矣。而第二句反云山亂水顛倒。何也。蓋言形局固完美。而挨排時爲上山下水。雖完美亦作凶論。故曰水亂山顛倒。蔣注章解均未切實。山龍平洋理歸於一。本無兩歧。蔣注誤分爲二章。解從而和之。將玄空之法分而爲二。將天地一竅。變爲兩竅。與時師却把陰陽分兩下相同。其含糊如此。溫解近是。但亦陳腐爾。陰山陽水朝。陰水陽山收。非僞法。其用法見下節。乃俗師所用以山

從右轉者。水必宜左轉。山從左旋者。水必宜右到。其法可參用於五運
中。然仍須觀山向兩盤之飛星若何。然後方能知一往一來。一山一水。
兩相配合之理。

陽若無陰定不成。陰若無陽定不生。陽水陰山相配合。兒孫天府早登名。

此言陰陽。與上文之陰陽。理同而道稍異。陰若指山言。然陰即是山非
山而亦山。陽若指水言。然陽即是水非水而亦水。配合者即玄空中之
配合。陽水陰山。非指顚顚倒之排法。即顚顚倒挨排之後知排山有山。
則謂之成。排水有水。則謂之生。陽水陰山者。排水有水。是陽水也。排山
有山。是陰山也。章解此節。頗佳。其言曰。陰陽即來者爲陽往者爲陰之
陰陽也。陰山陽水者。當用將來之氣。挨入水中。已往之氣。裝在山上。即
爲陽水陽山。此陰陽。是氣運消長之陰陽。非干支卦爻之陰陽。又非左

到右到之陰陽。又非上元必須離水。下元必須坎水之陰陽。又非以來水爲陽。去水爲陰之陰陽也。參透此關。方知生成配合之妙理矣。水裏排龍。水裏得陽。山上得陰。山上排龍。山上得陽。水裏得陰。此謂之陽水陰山。陰水陽山也。上文所謂陽山陽水者此也。所謂山與水相對者此也。所謂江南江北主客東西。亦即此也。章氏此注。可謂披肝露膽。是不懼天譴者矣。

都天大卦總陰陽。翫水觀山有主張。能知山情與水意。配合方可論陰陽。

此節蔣注章解略露一斑。蔣云此主張非泛泛主張。乃乾坤眞消息所謂天心是也。山情水意四字全經之竅妙。識此情意。即是陰陽。便成配合。章云。主張即天心正運之主張。山情水意各得所宜。情意配合者非尋一箇陽以配陰。尋一個陰以配陽也。要山上排龍。水裏排龍。一九二八。三七。四六。玄空會合也。或一六。二七。三八。四九。山上水裏。彼此生生。動靜得合。雌雄配合。此配合卽是山情水意。玄空之配合。知此則青囊天玉之機盡矣。其說已明白如畫惜人總未能領會。都天大卦卽戊己。戊爲陽。己爲陰。五運戊己居中。卽爲天心。山水之主張。皆由戊己而來。章解謂一九。二八。三七。四六。指五運各山各水言也。如五運之子午。卽一九也。壬丙與癸丁同。坤艮卽二八也。未丑與申寅同。卯酉卽三七也。甲庚與乙辛同。巽乾卽四六也辰戌與巳亥同。至一六卽一運一入中。坎爲六也。二運二入中。坎爲七也三運三入中。坎爲八也。四運四入中。坎爲九也。六運六入中。離爲一也。七運七入中。離爲二也。八運八入中。離爲三也。九運九入中。離爲四也。如此則山水自有主張。所謂一九二八。三七。四六。卽山水之情意也。至於總陰陽三字。謂一三七九各運。以入中之陰陽爲陽陰陰。遇五字卽戊己己亦卽陽陰陰也。二四六八各運。入中之陰陽。爲陰陽陽也。遇五字。卽己戊戊。亦卽陰陽陽也。能知陽陰陰與陰陽陽之配合。夫然後方知山情水意。總字之意始明。

都天寶照無人得。逢山踏路尋龍脈。前頭走到五里山。遇着賓主相交接。

欲求富貴頃時來。記取筠松眞妙訣。

既知都天寶照。則戊己己與己戊戊之別能明。山情水意。可以瞭解。始能逢山踏路尋龍脈矣。如情意合者。乃踏之尋之。不合者可不必踏亦不必尋也。非地之不必踏不必尋。實時之不必踏不必尋也。前頭卽向首也。五里山。係啞謎。卽各運天盤五字所臨之處也。五字臨前頭。只要前頭有水。卽爲囚不住。其地陰陽兩宅可以悠久。倘不見水則力量較微。所謂五里山者。卽零神也。一運一入中天盤五到離。離之五字謂之五里山。二運二入中。天盤五到艮。艮之五字。謂之五里山。三運三入中。天盤五到兌。兌之五字。謂之五里山。四運四入中。天盤五到乾。乾之五字。謂之五里山。惟五運五入中。太極也。皇極也。前頭不能走到五里山矣。六運以下類推。五里山卽零神。五爲向首。逆飛字字與地盤合十。諺所謂八方獻美。無美不臻。若順飛則字字爲反伏吟。總之逆飛者方爲賓主。順飛者乃爲陌路也。此節惟溫解云。五里山者卽中五也。賓主。山向也。雖較蔣注章解爲佳。但誤認五里山爲中五。而不知五里山爲天盤之五字加臨之方。亦失之矣。若爲中五。則居中不動。尊無二上。又何必走到前面哉。

天有三奇地六儀。天有九星地九宮。十二地支天干十。干屬陽兮支屬陰。時師專論這般訣。誤盡閻浮世上人。陰陽動靜如明得。配合生生妙處尋。

此節實節外生枝。反使人易入迷途。上四句提出僞法之尤者。乃重言以申明之。曰誤盡。誤盡者。誤之無可再誤者也。天三奇。即乙丙丁是也。地六儀。即戊午。己未。庚申。辛酉。壬戌。癸亥是也。又如十二支爲陰。十干爲陽。此奇門之占法。與九宮貌合而神離。故第五六兩句。痛詆其誤人如此。第七八兩句。言九宮之法。在配合兩字。能知配合。即知九宮之術。不知配合。即是僞法。

下篇

尋得眞龍龍虎飛。水城屈曲抱身歸。前朝旗鼓馬相應。下後離鄉著紫衣。

下篇論巒頭者居多。然以此種巒頭。有理氣存焉。故有得運與失運之別。此曰眞龍。實指合運之地而言也。若合運之地。其地龍虎砂分飛。爲離鄉而後發跡之地。若不得令。如上山下水。則出反寇。而遭滅族之禍。

乙字水纏在穴前。下砂收鎖穴天然。當中九曲來朝穴。悠揚潴蓄斗量錢。兩畔朝歸穴後歇。定然龍在水中蟠。若有聲爲數錢水。催官上馬御階前。

此言穴前之水。一須纏過穴前。二須朝處潴蓄。三須兩畔界水。由穴後而來。不可亂雜。再合零神方爲上吉。數錢水者。蔣注云假借爲義。俗而巧。其實卽指五里山也。數錢以五計。蔣氏知之。引而不發。言如此形局之水。當中九曲。又合零神。其發尤速。故以催官名之。穴前之水。最忌有聲。此聲字疑世俗誤解爲數錢水。故妄增實疊語也。

安墳最要看中陽。寬抱明堂水聚囊。出夾（一本作峽誤。）結成玄字樣。朝來鸞鳳舞呈祥。外陽起眼人皆見。乙字彎身玉帶長。更有內陽坐穴法。神機出處覓仙方。

此承上文言之也。乙字彎身玉帶長。卽上文乙字水纏在穴前也。出夾結成玄字樣夾字即上文兩畔朝歸穴後歇也。玄字樣。即上文當中九曲來朝穴。水如玄字樣也。惟上文與此微有不同。上文言尋常結穴之水法。此言大海大江大湖處結穴者。堂局寬大。所收之水。非一局之水。有內陽中陽外陽之分。陽者。廣之義。如是堂局。仍須以玄空收水之法收之。如龍能合向。向能合水。方可。否則大凶。故末句言神機出處神機指立極。出指水。一片處。指山一片也。

水直朝來最不祥。一條直是一條鎗。兩條名爲插脅水。三條云是三刑傷。四水射來爲四殺。八水名爲八殺殃。直來反去拖刀殺。徒流客死少年亡。時師只說下砂逆。禍來極速怎堪當。墜圳路街如此樣。亟當遷移免災殃。

如此之形勢。那有結作。不必形諸筆墨。蔣注謂旺元猶可。衰運無噍類矣。此種地。雖在旺運。亦不可用。

前水來朝又擺頭。淫邪凶惡不知羞。乾流自是名繩索。自縊因公敗可憂

凡形局凶惡者。水雖到向。亦作凶論。

左邊水反（一本作射誤。）長房死。右邊水射小兒亡。水直若然當面射。中子離鄉死道傍。東西南北水射腰。房房橫死絕根苗。貪淫男女風聲惡。曲背駝腰家寂廖。

水法如此凶惡。衝射反跳。焉能結地。

左邊水反長房死。離鄉忤逆皆因此。右邊水反男兒傷。風吹婦人隨人走。當面水反中男當。斷定二房有損傷。左右中反房房絕。切忌墳塋遭此刼。

此節與上文同。不獨水勢衝射反跳。兼遭風刦。其凶更甚。

一水裹頭名斷城。下之雖發未爲榮。兒孫久後房房絕。水到砂收反主興。

此節第四句另言一事。與上三句。毫不相涉。斷城係臨近結穴之砂收。

生氣毫無。如何能發。第二句亦誤也。蔣注以褁頭前面另有一枝水到。則又以接水呈秀。其逼窄之氣有所發洩。反不爲凶。其說大謬。褁頭之水。係尖形。又不開口。如何有砂可收。凡水到砂收之地。與褁頭水絕不相同。此節疑有脫簡。

茶槽（一作槽誤。）之水實堪憂。莫作蔭龍一例求。穴前太傴割唇脚。不見榮兮反見愁。

諸本槽作槽。係形似之誤。水色黃濁。如茶如槽。曰茶槽水。此種水往往開濬。仍作此色。永無澄清之日。與蔭龍水不同。第三四句言穴上之水太傴。割唇割脚。雖向星到水。亦無所用。蔣注章溫兩解。幷爲一談。誤矣。

玄武攞頭有多般。未可慳然執一端。或斜或側或正出。須憑直節對堂安。

攞頭直出是分龍。須取何家龍脈蹤。大山出脈分三訣。未許專將一路窮。

玄武穴後之水。凡坐水者須騎玄武水。其形局宜彎曲。宜勻停。不可斜側。或坐後正出。若犯此病。則龍氣不聚。萬不可用。至於排水之法。卽用水一片。惟穴前有水者。須旺星到向。此則宜旺星到坐。故曰對堂也。安卽安水上之旺星是也。

家家墳宅後高懸。太陽不照太陰偏。必主其家多寂寞。男孤女寡實堪憐。

蔣注謂此卽後空之義。因世人都喜後高。故復叮嚀如此。又曰此節單言平洋格法。若是山龍之穴。又以後高爲太陽正照而吉。後空爲太陽失陷而凶。讀者莫錯會也。又謂要在未立向以前。必先按其山向排其五行。當空則空。當實則實。所謂龍空氣不空。龍實氣不在。卽此意也。高一寸爲山。低一寸爲水。低者當作水論。倘上山下水。顚倒誤用。則有寡天之災矣。蔣章兩說。均未言其要。總之平洋與山地。其理則一。世人以平洋以水爲龍。水當作山看。更大謬。章解言高一寸爲山。低一寸爲水。則何曾水作山看。今抉其要曰。平洋與山地同一用法。一。山水挨排到山到向者。宜坐有山。向有水。若在平洋。後有水者。此地萬不可用。後無水。穴後可挑羅城。蔣注所云。非對此局格法也。二。山水挨排。上山下水。向宜有山。坐宜有水。若在平洋。前有水者。此地亦不能用。因上山無山。則丁不旺也。三。雙星會合於向首。宜向首有水。水外有山。四。雙星會合於坐山。宜坐後有水。水後有山。如此。則宜空宜實之理。不難明瞭矣。

貪武輔弼巨門龍。方可登山細認蹤。水去山朝皆有地。不離五吉在其中。

此節言貪武輔弼巨門。不可呆讀星辰。端正卽爲貪武輔弼巨門。雖水去山朝。亦有地可得。若形局與方位皆吉。雖去水亦吉。因玄空不論水之來去。倘不合時。雖來水亦凶也。

破祿廉文凶惡龍。世人墳宅莫相逢。若然誤作陰陽宅。縱有奇峯到底凶。

破祿廉文。不可呆看。自指形局破碎。水法斜側而言也。此種地已不吉。即合時亦凶。

本山來龍立本向。返吟伏吟禍難當。自縊離鄉蛇虎害。作賊充軍上法場。明得三星五吉向。轉禍爲祥大吉昌。

溫解如一運立壬山丙向。以一入中順排。九到向。一到山。爲反伏吟。是也。姜垚從師隨筆。亦以一運之壬山丙向爲反伏吟。章解細按前後向字。反吟伏吟由向而起。五吉亦由向而起。言兩向字頗佳。惟用法未肯揭出。蓋一運壬山丙向。二運之坤山艮向。申山寅向。三運之甲山庚向。四運之乾山巽向。亥山巳向。六運之巽山乾向。巳山亥向。七運之庚山甲向。八運之艮山坤向。寅山申向。九運之丙山壬向。均爲反吟伏吟。如一運立壬山丙向向上飛星九到離山上飛星一到坎九一兩字與地盤同一爲本山來龍九爲本向二運立坤山艮向八到艮二到坤與地盤同二爲本山來龍八爲本向餘類推所謂本山來龍立本向是也本山本向滿盤毫無生氣凶不可言故曰反吟伏吟禍難當也然此種之向宜用補救之法藉免反吟伏吟之戾氣夫所謂補救者即兼向是也惟反吟伏吟之向能兼者不多此又不可不審愼者也又有一種反伏吟者如向上飛星一入中逆飛三到震二入中逆飛八到艮三入中逆飛四到巽六入中逆飛一到坎七入中逆飛六到乾八入中逆飛二到坤九入中逆飛七到兌以上諸逆飛之數亦係伏吟倘飛到之處其氣不空又向不當令亦凶然爲禍不及向首之烈爾倘脈氣雜者則用兼向可轉禍爲祥何以用兼向可轉禍爲祥者因兼向用坤壬乙一訣星

辰因入中不同。而流轉之氣亦異。在一運壬山丙向。無替可尋。雖用兼向。不獨反吟伏吟。又犯兼則陰陽差錯。爲禍更烈。二運之坤山艮向申山寅向。亦然。且犯龍神上山下水之病。三運之甲山庚向。亦無替可尋。四運之乾山巽向。向上之三本爲卯。若用兼向則卯替巨。不以三入中。以二入中。若震方有明水。四挨震方。取得一吉。足資補救。若向上有水。正挨得三字。三爲煞水。亦不吉也。宜於向前栽竹木。以掩蔽之。方能免禍。爾總之反吟伏吟。正與五里山相反。五里山者。五入中逆飛。向上一盤挨得之字。字字與地盤合十。故吉。伏吟者。五入中順行。向上一盤挨得之字。字字與地盤相叢。故凶。

龍眞穴正。誤立向陰陽差錯。悔吝生。幾爲奔走赴朝廷。纔到朝廷帝怒形。緣師不曉龍何向。墳頭下了剝官星。

首句龍眞穴正誤立向者。如係天元龍。宜用天元龍之向。則一卦澄清。倘不知者。誤用兼向。則犯陰陽差錯之病。卽到山到向之地。因差錯之故。則福來不全。禍至無日。或謂天元與人元。人元與地元。陰陽相同。兼之無差錯之病。不知元既不清。陰陽雖同。亦害與差錯無異。自紀大奎地理末學出。葬者非出元。卽差錯。近又變本加厲。硬湊申子辰。寅午戌。巳酉丑。亥卯未。以合水。雜亂更勝於前。異日男女淫盜。家國不寧。意中事爾。此節惟溫解可采。

尋龍過氣尋三節。父母宗枝要分別。孟山須要孟山連。仲山須要仲山接。

此節重言申明陽差陰錯之害。父母宗枝指來脈言。如天元龍來脈。須葬天元之向。地元龍來脈。須葬地元之向。人元龍來脈。須葬人元之向。卽上文子字出脈子字尋。莫教差錯。丑與壬是也。此言孟山須要孟山連。仲山須要仲山接。卽是此意。孟山卽地元龍。辰戌丑未是也。仲山卽天元龍。子午卯酉是也。季山卽人元龍。寅申巳亥是也。曰連曰接。指來脈不可錯差之意。

干奇支耦細推詳。節節照定何脈良。若是陽差與陰錯。縱吉星辰發不長。一節吉龍一代發。却逢雜亂便參商。

干奇。非干皆奇也。支耦。非支皆耦也。奇耦兩字。不可拘執。是奇爲陽。耦爲陰也。然干支各有陽有陰。更因流行之氣。則奇耦更不可拘執矣。

先識龍脈認祖宗。峯腰鶴膝是眞蹤。要知吉地行龍止。兩水相交夾一龍。夫婦同行脈路明。須認劉郎別處尋。平洋大水收小水。不用砂關發福久。水口石似人物形。定出擎天調鼎臣。

此節與上數節意複。無甚深意。惟夫婦同行脈路明。須認劉郎別處尋兩句。然上已言之夫婦同行者。係支兼干出之脈。倘脈路已明。認明來脈。卽可用坤壬乙訣立向。劉郎。神仙記漢劉晨阮肇入天台採藥。溪邊有二女子。忻然如舊相識。須認劉郎者。脈明而不得穴。須在別處認明之。俾夫婦同行。如劉郎故事也。立說不經。如是一意蒙蔽世人。江湖術士之居心。大都如此。此種至淺之意義。必以絕使人不能解之文筆。可哂。蔣注章解。並以山龍平洋立說。使人更迷歧路。山龍平洋。並無二法。不過山龍在實字上着想。平洋在空字上着想而已。

龍若直來不帶關。支兼干出是福山。立得吉向無差誤。催祿催官指日間。

此言直來之龍。不見欹斜反跳。僵直死硬。種種關煞者。亦可立穴。惟直來則氣急。恐一發卽敗。其地直來處。能見停頓。另有閃脈。以直來處借坐作主。或直來處。係子山午向。閃脈作穴處。爲子山午向兼癸丁矣。閃脈隱而不露。此種結作。倘得吉向。其發尤速。

乾坤艮巽脈過凹。節節同行不混淆。向對甲庚壬丙水。兒孫列土更分茅。

仲山過脈不帶關。三節山水同到前。斷定三代出官貴。古人準驗無虛言。

蔣注拘迂。乾坤艮巽過脈。天元龍脈也。乾坤艮巽。非呆板之乾坤艮巽。乃流行之氣乾坤艮巽也。乾坤艮巽之來脈。而水為甲庚壬丙之水。自天元龍而兼地元者也。乾坤艮巽為仲山。甲庚壬丙為孟山。惟甲庚壬丙之孟山。能配卯酉子午之仲山。不能配乾坤艮巽之仲山。此言乾坤艮巽者。實指流行之氣而言也。乾坤艮巽之陽脈。甲庚壬丙之陽水。陽順行。不足貴也。然流行之氣。上下无常。周流六虛。而為卯酉子午之陰脈。辰戌丑未之陰水。遇陰逆行。到山到向。向又合水。何愁不貴不顯。不帶關者。來脈屈曲。不帶關煞是也。

發龍多向支神取。若是干神又不同。支若載干爲夫婦。干若帶支是鬼龍。

子癸爲吉壬子凶。三字眞假在其中。乾坤艮巽天然穴。水來當面是眞龍。

此節之意。上已屢言之矣。支載干爲夫婦。因二字或陰陰或陽陽。皆同氣也。干帶支是鬼龍。因二字或陰陽或陽陰。氣不同也。如子癸爲陰陰。同氣故吉。壬子爲陽陰。不同氣故凶。子癸與壬子之眞假。卽氣清與氣雜之辨也。總之支神有支神之取法。干神有干神之取法。支兼干亦有支兼干之取法。干兼支並非永爲鬼曜。在六運壬丙兼子午。壬丙兼亥巳。用坤壬乙訣。倘龍合向。向合水。取得三星五吉。吉不可言。然視水路如此。可兼不可兼。宜於坐與朝二處定之。故下言乾坤艮巽天然穴。水來當面是眞龍。言子字出脈者。龍尚行而不止。或因閃側結穴處。反爲乾坤艮巽。曰天然。卽言坐着天元龍。水來當面收着亦天元龍也。無絲毫假借。故曰天然。此乾巽艮坤。亦係流行之氣之乾巽艮坤。學者萬不可以呆板之乾巽艮坤視之。

要識眞龍結眞穴。只在龍脈兩三節。三節不亂是眞龍。有穴定然奇妙絕。千金難買此玄文。福緣遇者毋輕洩。依圖立向不差分。榮華富貴無休歇。時師不明勉强攙。雖發不久卽敗絕。

千里來龍。連郡跨邑。支分派別。另分少祖。至結穴處。長者亦數十里。短者五六里。所包者廣。上溯祖宗。豈能龍身歸於一元。此言三節不亂。是眞龍示人要訣。惟三節之前。出峽之字。不可不詳細格定。水口亦如此。倘能知出峽與水口爲天元。結穴處其向亦天元。又出峽與水口爲地元。結穴處其向亦地元。又出峽與水口爲人元。結穴處其向亦人元。又有公共堂局。大都離城市不遠。爲天然公共葬所。其山向往往一致。依圖立穴。今救貧之圖已佚。學者苟能一一挨排。筆而出之。可輯救貧之失。華湛恩有天心正運圖。惜排法猶未能使人一目了然。但亦足觀矣。

一個星辰一節龍。龍來長短定枯榮。孟仲季山無雜亂。數產人龍上九重。節數多時富貴久。一代風光一節龍。

此結論以天然龍身節數。以斷代數。惟玄空亦有斷法。長短視四字。又憑流行之氣。亦可知其長短。如乾山巽向。有一百八十年。巽山乾向只有二十年。若前面有水。爲囚不住之地。又不必憑運而斷之矣。第三句言龍向水三者。須分淸孟仲季。不可雜亂。如雜亂須用坤壬乙訣。第四句人龍非人元龍。貴之之辭。猶言人中龍也。東漢荀季和有子八人。並有才名。時謂之八龍。是其例也。

孫 延國 初校
申聽禪 覆校
沈善保 三校

右　先子所撰地理辨正抉要凡四卷。是書定本已佚。祖繇歷年搜求。共得三本。一傳叔龢先生華手抄本。一曾廉泉先生春沂手抄本。兩本皆摘取要語。各不相謀。不得已取兩本合而刊行之。頗有見首不見尾之慨。刊行過半。復得曹秋泉先生源手抄本。以校傳曾二本。不過十之三四。非完本也。乃改據曹氏手抄本刊之。傳本無跋。曾本後附有三詩。皆爲　先子作也。錄之如下。

題沈竹礽四十小影

棘地蕪天寄傲難。海濱枝借且盤桓。當年曾佐平戎幕。他日終彈貢禹冠。悶去每尋良友話。興來頻覓好山看。可知市隱非君志。小影峨然認宰官。

別沈竹礽重題小影

驚天烽火斗牛邊。瑣尾流離記少年。衰草郊墟迷馬鬣。飄萍身世記鶯遷。壯懷銷盡聊騎鶴。怨魄歸來定化鵑。忠孝傳家天必佑。階前玉樹已森然。

逢君應悔識君時。湖上秋風木落時。具有熱腸論世事。獨存古道照鬚眉。山川情性言難盡。運會盈虛信有之。我正飄蓬將賦別。敬留鴻爪挹光儀。

三詩刻入家乘。題作題　先子小影。先生手抄本作二題。家乘似誤。異日重印時。當更正之。丁丑仲春男祖緜敬跋於吳門自得齋

地理辨正抉要校讀記一

余於丁卯戊辰間。習玄空於吾師沈瓞民先生時。一言未授。即先命誦地理辨正。地理辨正者。杜陵蔣氏闡述楊曾青囊天寶諸經旨之書。其詞雖晦。顧爲初習地理者所必讀。亦猶昔者士人。朱註學庸論孟。爲初學入德之門。非先埋首苦讀不可者也。然余誦之數年。而無所獲。雖知沈氏師說除自得齋諸遺箸外。尚有吾師之先德　竹礽先生地理辨正抉要一書。揭諸經之奧義微旨。闢蔣氏及章溫諸家之舛譌誤謬。虛心推究。獨樹正解。珍異名貴。尤在杜陵上。在初學者攻習次第上言之。亦應先於自得齋地理叢說。能一讀地理辨正抉要。則爲益必多。惜稿久佚。亦徒寤寐思求而已。自辛未壬申後。余被命入中樞。簿書鞅掌。不遑理舊業。此道遂疏。近吾師書來。抉要一稿。忽得復歸。吾師授梓之日。余承命校讀。自慮荒蕪有年。能勝任與否則不可知。而披覽終卷。無所獲於十年之前者。今一旦竟乃獲之。雖未敢云通。其竊自喜。蓋毋庸爲諱矣。初吾師於余。授坤壬乙一訣最力。人遂有戲比諸蔣杜陵之於姜汝皋者。其實余之攻替卦。以吳俗作坟。每從僞術。喜爲兼向而無是處。數百年來。幾成痼習。余吳人也。匡謬救俗。義所難默。然起星一術。在玄空爲難之尤難之一種。 竹礽先生書中。亦屢以其術未精。萬勿妄作爲戒。余何人斯。而敢言此。故每涉言替。出以謹愼。繪圖箸說。未能盡辭。甚至偶與人辨。亦以所學未精。不敢自是。唯唯否否。聽之而已。今抉要於此訣起例之外。解子癸甲申何以必替貪。卯乙未坤壬何以必替巨。辰戌乾亥巽巳六宮何以必替武。酉辛丑艮丙何以必替破。寅午庚丁何以必替弼。乃以合十與用九用六之理。一語道破。十年昏夢。媿未早見。與人口舌爭辨。皆覺詞費力費。而挨貪挨巨之要。久聚訟無定者。今詳爲表解。千載祕密。從此破矣。益以曾廉泉先生扎記。闢貪狼巨門等星名。始自俗說。後人復附會翼奉之說。其誤愈迷途而莫返。玄空諸星。乃指卦變。貪巨等名。以代九星。亦猶白黑等字。以代八卦。並非眞有其星云云。再據　先生用九之說。以釋九星名目之所從出。其詞精妙透澈。通體晶熒。讀之尤暢。曾先生爲親炙於　竹礽先生習替之第一人。其遺說世尤少見。余校讀抉要。自幸以奧語一卷所獲爲最多。爾復次。言地理者。巒頭理氣。當然不能偏廢。然江迂生先生言最切當。謂巒頭徵實。故不能作僞。理氣課虛。故僞訣甚多。從古紛爭。皆在理氣。卽是此故。玄空亦言理氣之學。玄空所以獨能辟易諸僞說而成理氣正宗者。以理氣巒頭。既有虛實不同。則一經相混。便入歧途。玄空則虛實之理。始終不能絲毫相混者也。試觀　先生抉要。一則曰流行之氣。再則曰流行之氣。不讀數十百遍。此卽爲暗示玄空虛實之理不能相混之吃緊處。而猶不止此也。又一再謂非巒頭之如何如何。乃理氣之如何如何。反覆言之。不憚詞費。此則爲明示玄空虛實之理。絕對不許相混之着眼處。誠以易逆道也。喜逆而忌順。又易變易也。喜變而最忌不變。玄空源出於易。故重流行之氣。淺人不能別。輒與巒頭混。往往泥於盤理而忽於易。且又不知易之善變。於是憑臆作僞。至害人陷己而後已。夫理涉玄奧。能索解人本非易易。昔吾人初讀不以元旦盤中之陰陽爲陰陽。而以流行氣之陰陽爲陰陽二句時。曾窮數晝夜之力。苦思力索而莫能解者。則何可徒責淺人乎。若得早讀　先生抉要中解龍分兩片陰陽取一節。可免於枉費無謂之思考矣。此則余校讀抉要於奧語外所感重要有獲之第二點。覺亦不能已於言者也。平心而論。楊曾之學。其絕已近千年。既年湮而代遠。復辭奧而義晦。迨杜陵出而發明。竭其畢生之力。探微索隱。如發啞謎。乃全憑其非常智力其功不可沒。而某一歷史過程。皆自有其當時之時代條件。或有不得不爾者。故或託於天機。或諉之口傳。或故作驚人之筆。或有意歪曲其詞。獨惜後人無知。自趨歧途。極其弊之所至。至於臆說僞術徧天下。則非杜陵所及料。不能強其負責也。以　竹礽先生之智與力。不減杜陵。故於杜陵。自可作功罪之評。而在吾人則惟當於由衷敬佩之餘。加以深諒。而一方要知我　竹礽先生。儒人也。不特詩書造詣與杜陵異。即所處時代背景亦與杜陵不同。故其解楊曾諸書。一以正大之用心。與湛深之經術爲本。如解玄空曰卽一九也。解養老曰指盛衰也。解明倒杖解對不同。皆廣徵說文博引漢書注及馬氏之言。以明其並無如世俗所傳。別有神祕怪異之說在。凡此一經以經術正義詳爲剖析。則晦澀難解者。轉覺其皆不過尋常無奇之談。而杜陵之外。雖章仲山溫明遠輩。苟有一字得其正解。　先生亦不惜亟爲表而出之。至於再三稱道。可見地理辨正抉要一書。其功不在與古人爭一日之是非。而在於是正諸家之舛誤。舉從來謬說而廓清之。亦不僅在於糾正誤謬。而尤在於指引初學者以應由之正路。何者爲康莊大道。何者爲磽陿絕徑。蓋純乎儒人發於悲天閔人之正大用心之所爲。此可爲善知識者言。不足爲淺人道也。校讀既畢。不能無感。管見所及。輒貢數語。以求正於吾師。若夫當世同好。凡曾讀沈氏玄空學者。亟再一讀是書。或猶未讀沈氏玄空學者。亟先讀是書。再讀沈氏玄空之學。兩相研覈。當信余言之非過矣。

中華民國二十六年丁丑孟夏之月再傳弟子吳縣申聽禪謹譔

地理辨正抉要校讀記二

地理辨正自蔣大鴻直解出。間有是正。惟拘於天機祕而不發。淺人寡陋。僞訣遂生。學者惜之。章仲山直解。闡明蔣旨。亦非淺學者所能解。及溫明遠續解。發蔣氏之祕。以比前人。已平正通達矣。然所明示。不及十一。舛譌妄解。亦往往而有。如天玉經云。

『東西父母三般卦。算值千金價。二十四路出高官。緋紫入長安。父母不是未爲好。無官只豪富。』

此節溫氏將洛書一二三四五六七八九之流行九氣。分一四七。二五八。三六九。爲數之三般。如時在上元一運。穴立子午兼癸丁天元兼人元卦之向。而照穴有情之水在丑戌。星戌體之山在戌丑。戌兩爻。均在地元卦內。若起地元之父母。不須以七爲父母矣。以七入中排到向首是二。屬坤

卦地元之爻神。是未屬陰逆行至丑上。是八。爲上元水裏之衰氣是方有
水。即爲出元出卦。水主財祿。定必退財。今分其說爲三。
(甲)仍以七之父母入中排到山上。是三。屬震卦地元之爻。是甲屬陽順
行至戌上。是四。亦爲上元山上之衰氣。是方有山。亦爲出元出卦。山主人
丁。定必傷丁。再兼玄空五行之氣相尅。有形之質。其凶立見。
(乙)若照穴有情之水在戌。成星成體之山在甲。山水難屬出卦。而玄空
所挨排之是當元乘旺。又屬同元一氣。即爲地卦出而天卦不出。反凶爲
吉也。
若穴立地元兼人元卦之向。照穴有情之水。成星成體之山。均在天元卦
內。又須以爲父母挨排矣。
若穴立天元兼地元卦之山向。照穴有情之水。成星成體之山。均在人元

卦內又須以四爲父母挨排矣。

如交二運。以二爲天元。五爲人元。八爲地元。如交三運。以三爲天元。六爲人元。九爲地元。天地人上中下三元。此即經四位起父母。山水分用三般卦之祕訣也。

(丙)若卦之中氣。數之首。元爲父母之氣。元大力厚。所以爲貴。若卦之邊爻。數之中。次爲人地子息之旺。受氣淺薄。僅可豪富而已云云。

綜以上三說。溫註分起父母之法。教人勿將父母與子息之卦體爻神相混。似已詳明。然總有所疑。

若照上文(甲)(乙)兩節所舉。一運立子午天元兼人元山向。有水在丑。有山在戌。以七爲父母。入中挨排。均爲出元衰山衰水。若水在戌。山在甲。則反得一白當元旺星。茲列二圖。習此術者。可一鑑而明矣。

九 五六	五 一一	七 三八
八 四七	二四 一 六五	二 三 八三
一 四 九二	六 二九	一三 二 七四

六 二三	二 七七	四 九五
五 一四	七 三二	九 五九
一 六八	三 八六	八 四一

照上圖排列○固屬吉凶顯然○一運子午山向○天盤丑上挨四○卽巽之辰戌○上挨二○卽坤之未○辰未均陰○逆行入中再飛○丑上戌上○原亦可得到一白當元旺星○此照城門訣法也○今溫註必以七爲父母○再入中挨排○此由于本山向爲天元○其八國中之水之山○均爲地元○城門訣取法○要同取天元若取與本向同爲一元者入中再飛○則丑上之四爲巽○戌上之二爲坤○天元之巽坤均陽順行○不能得當元一白旺星○故此須另起父母挨排○以定吉凶乎○此溫解之誤一也○

抑因一運立子午癸丁天元兼人元卦之向○其水其山○均在八國之地元○

非照地元卦所屬之父母入中另排。則無準驗。此溫解之誤二也。

又如此一運子午癸丁天元兼人元卦之向。照穴之水在地元戌上。固照地元卦所屬父母之七挨排。如有山在于人元卦之申上。如此尚須又以人元卦所屬四之父母入中挨排矣。此溫解之誤三也。

抑或必須照依註解。此天元兼人元卦之山向。雖遇八國中有人元卦內之水。或有情近穴之山。而非天元兼地元卦之山向。豈能用四爲父母挨排。此溫解之誤四也。

又溫註所舉各山向雖爲兼向。但未用替星挨排。假如各山兼向兼過三分。必須用替時。對此各山八國中遇有情之水。近穴之峯。須照替星入中飛佈。今溫氏不解坤壬乙一訣。仍以下卦解之。此溫解之誤五也。

又如（丙）節卦之中氣句。是即指二十四山中天元卦之子午卯酉乾巽坤艮八山而言。人元卦之癸丁乙辛。亥巳申寅。地元卦之壬丙甲庚戌辰。未丑。各不相混。今天元兼人元之山向而用陰陽不同之地元。溫氏昧於子字出脈子字尋。陰陽差錯悔吝生之理。以解二十四路。以爲有天元八路。人元八路。地元八路。此溫解之誤六也。

若此類者。溫氏不一而足。惜世尟高明。以匡謬耳。今讀　竹礽先生地理辨正抉要。皆糾正其謬。誠至理明言矣。且諸篇多啞謎。有蔣溫諸公所未能盡發者。而　先生一一詳言之。精要淵博。於玄空之理。發揮無餘。余知　先生書出。不獨爲蔣溫諸公之畏友。且可比美楊公者矣。

民國廿六年五月古井後學楊純三拜識

中華民國廿六年五月印行

地理辨正抉要四卷一册

每冊實價國幣二元

△郵費加一國外另計△

著作者　沈紹勳

恭校者　沈祖緜

印刷者　文新印書館　蘇州景德路七十六號

發行者　沈延國　蘇州富郎中巷十三號

本處出版書目

周易易解十卷（附周易示兒錄三編　周易說餘一卷）　沈紹勳著　實價國幣五元

三版訂正　增廣沈氏玄空學六冊　沈紹勳著　實價國幣拾二元

△本處寄售書目

周易孟氏學一冊　沈祖緜著　定價國幣六角　蘇州章氏國學講習會印行

玄空捷抉一冊　申聽禪著　定價國幣一元五角　南京憲兵雜誌社印行

△新書預告

沈竹礽先生遺著

靈城精義箋

此書將繼地理辨正抉要刊印。世無刻本。亦闡述玄空之祕籍也。惟抄本間有殘闕。由先生子祖緜校訂斷句。以成善本。一俟付梓。當再奉告。